Einhard

Kaiser Karls Leben

SEVERUS

Einhard: Kaiser Karls Leben
Hamburg, SEVERUS Verlag 2014

ISBN: 9-783-86347-945-9
Druck: SEVERUS Verlag, Hamburg, 2014
Nachdruck der überarbeiteten dritten Ausgabe von 1893

Der Text wurde aus Fraktur übertragen. Die Orthographie wurde behutsam modernisiert, grammatikalische Eigenheiten bleiben gewahrt. Die Interpunktion folgt der Druckvorlage.

Der SEVERUS Verlag ist ein Imprint der Diplomica Verlag GmbH.

Bibliografische Information der Deutschen Nationalbibliothek:
Die Deutsche Nationalbibliothek verzeichnet diese Publikation in der Deutschen Nationalbibliografie; detaillierte bibliografische Daten sind im Internet über http://dnb.d-nb.de abrufbar

Kaiser Karls Leben

von

Einhard

Übersetzt von Otto Abel

Bearbeitet von W. Wattenbach

SEVERUS

Vorwort

Karl der Große ist wohl der bekannteste Herrscher des Mittelalters – und das nicht ohne Grund. Im Jahr 771 wurde er Alleinherrscher des mächtigen Frankenreiches. Durch ausgedehnte Eroberungszüge, Christianisierung und kluge Diplomatie schuf er ein Großreich, welches im Westen an den Atlantik, im Osten bis ins heutige Ungarn, im Norden bis an die Grenze Dänemarks und im Süden bis hinter Rom reichte. Bereits zu Lebzeiten trug er den Beinamen „Pater Europae“ (Vater Europas). Seine Kaiserkrönung im Jahr 800 machte Karl den Großen außerdem zum ersten Kaiser seit den großen Herrschern der Antike.

Die Karlsvita von Einhard ist die einzige überlieferte Biografie über Karl den Großen, welche von einem Zeitgenossen verfasst wurde. Seit ihrer Entstehung erlebte sie eine rasante Verbreitung und ist von jeher neben den „Annales regni Francorum“ (Reichsannalen) eine wichtige Quelle über den Kaiser und seine Zeit. Bis heute hat sie nicht an Bedeutung verloren. Der Philologe und Historiker Walter Berschin etwa bezeichnete das Werk als das „einzige Stück mittelalterliche Biografie, das bislang Weltliteratur geworden ist“. In übersichtlichen Abschnitten beschreibt Einhard das Leben und die Herrschaft Karls. Angefangen bei Pippin dem Jüngeren schildert er, wie die Karolinger die Merowinger auf dem Königsthron ablösten und so der Grundstein für Karls Herrschaft gelegt wurde. Eindrücklich erläutert Einhard die Kriegsführung des Kaisers und die Beziehungen zu anderen Herrschern; so verband Karl sogar mit dem König von Persien eine innige Freundschaft. Insgesamt bekommt der Leser sehr intime Einblicke in das Leben des Kaisers, welche nur ein enger Vertrauter geben kann. Einhard schließt sein Werk mit dem Testament Karls des Großen.

Der Gelehrte, Autor und Hofdiplomat Einhard gehörte aufgrund seiner Intelligenz und Klugheit zu den engsten Beratern des wissenschaftsliebenden Karl. Um das Jahr 770 geboren, war seine Erziehung und Ausbildung von Beginn an ausgezeichnet. Er wuchs im Kloster zu Fulda auf, 794 wurde er zur Vervollständigung seiner Bildung an den königlichen Hof geschickt und dort von Alkuin, dem obersten Gelehrten im Palast, unterrichtet. Karl der Große wurde bald auf Einhard aufmerksam und so stieg dieser in seinen engsten Beraterkreis auf. Da er sich durch ein ausgeprägtes technisches Verständnis auszeichnete, wurde Einhard zum Leiter zahlreicher von Karl beauftragter Bauten, wie etwa der Pfalzkapelle zu Aachen. Auch wurde er zum Begleiter des Königs auf all seinen Reisen und reiste 806 im Auftrag Karls alleine nach Rom, was das große Vertrauen des Kaisers in Einhard unter Beweis stellt. Bemerkenswert ist, dass Einhard auch nach dem Ableben des Kaisers eine einflussreiche Rolle am Hof innehatte. So wurde er später der Berater von Lothar I., Enkel von Karl dem Großen. Als Anerkennung seiner Verdienste wurde Einhard die Leitung mehrere Klöster übertragen, später gründete er die Abtei Michelstadt im Odenwald und die Einhardsbasilika in Steinbach. Es ist allerdings nicht bekannt, dass Einhard jemals als Abt ordiniert wurde. Seinen Lebensabend verbrachte er im Kloster in Seligenstadt, wo er, so wird vermutet, auch sein bekanntestes und bedeutendstes Werk, die Karlsvita, verfasste. Einhard starb im Jahre 840.

Aufgrund der großen Nähe des Autors zum Kaiser ist eine durchgehend positive und teils verherrlichende Darstellung Karls in der Biografie zu erkennen. Einhard schildert

Karls öffentliches und privates Leben nach dem Vorbild der antiken Kaiserbiografien. Besonderes Merkmal dafür ist die thematische Gliederung des Textes; im Gegensatz zum damals gängigen chronologischen Aufbau. In seinem Vorwort stellt er den Anspruch, sich nicht in Ausschweifungen zu verlieren, jedoch auch keine wichtigen Taten zu vergessen. Diesem Anspruch wird Einhard durchaus gerecht, sodass seinen Ausführungen wunderbar zu folgen ist.

Einhards Text ist ein Prolog des Benediktinermönchs Walafrid Strabos voran gestellt. Strabo gehörte in der Mitte des 9. Jahrhunderts zu den bedeutendsten Dichtern und Autoren der karolingischen Renaissance. Diese bezeichnet Karls Bemühungen einer Erneuerung der Bildung durch die Bereinigung der lateinischen Sprache von vulgären Einflüssen und einer Rückbesinnung auf die Antike. Wie Einhard studierte auch Stabo im Kloster Fulda und verkehrte später am Kaiserhof. Von ihm stammen die Überschriften und die Abschnittuntergliederung dieser Ausgabe. Die Übersetzung aus dem Lateinischen erfolgte durch Otto Abel, Historiker und vor allem Mitarbeiter der Monumenta Germaniae Historica (MGH). Dieses Institut wurde 1819 gegründet und veröffentlicht wissenschaftlich bearbeitete, mittelalterliche Quellentexte. Die Karlsvita wurde inzwischen schon drei Mal in kritischen Bearbeitungen publiziert.

Hier liegt die dritte Auflage von Abels Übersetzung vor, welche 1893, von Wilhelm Wattenbach überarbeitet, erschien. Wattenbach war ebenfalls für die MGH tätig. Abel fügte seiner erstmals 1850 gedruckten Übersetzung eine Einleitung und einen Anhang zu Einhards Leben hinzu.

Einhards „Vita Karoli Magni“ ist ein beeindruckendes und persönliches Werk, welches kostbare Informationen über die Karolingerzeit und ihren bekanntesten König gibt und deswegen sowohl für Historiker als auch für Karl - Interessierte unverzichtbar ist.

Ann-Sophie Hellmich
Severus Verlag

Einhards Leben

Nichts kann geeigneter sein, uns den großartigen Umschwung klar vor Augen zu stellen, den Karls des Großen Bemühungen in der wissenschaftlichen Bildung des Abendlandes bewirkten, als ein Blick auf die Schriften, welche die Geschichte seiner Zeit schildern. Während die uns in den Fortsetzungen des Fredegar vorliegende, bis zu Karls Regierungsantritt herabreichende karolingische Familienchronik in so roher, barbarischer Form abgefasst ist, wie sie später kaum wieder vorkommt, haben wir in dem unmittelbar nach des Kaisers Tode geschriebenen „Leben Karls" von Einhard ein Werk, das für die folgenden Jahrhunderte in Reinheit der Sprache und kunstvoller Behandlung des Stoffs ein unübertroffenes Vorbild geblieben ist, und wie keine andere Schrift des Mittelalters das Gepräge klassischer Bildung an sich trägt. Wie gros aber der unmittelbare Anteil war, den Karl an diesem Wiedererwachen der Wissenschaft hatte, davon gibt eben Einhard das beste Zeugnis, er, der dem großen Karl die Vollendung seiner Erziehung verdankte, ja ihn seinen Freund nennen durfte, der seit seiner frühen Jugend fast ununterbrochen um ihn war und immer im Mittelpunkt des Kreises stand, den Karls Eifer für Kunst und Wissenschaft um sich gebildet hatte. Darum erhält denn auch sein Leben eine größere Bedeutung für uns, als das des bloßen Gelehrten und Schriftstellers, es spiegelt sich darin eine Seite von des Kaisers eigenem Leben ab. Auch die Sage hat das anerkannt: das schöne Verhältnis, das zwischen Karl und Einhard bestand, hat sie noch inniger gemacht und dem glücklichen

Geliebten der Kaiserstochter ein Andenken gesichert, wie es dem Vedienst des Geschichtsschreibers wohl nie zu Teil geworden wäre.

Einhard — denn dies ist die bei seinen Zeitgenossen und das ganze neunte Jahrhundert hindurch allein gebräuchliche Form des Namens, während Eginhard erst im elften Jahrhundert aufkam[1], — Einhard wurde, wie sich mit ziemlicher Sicherheit an- nehmen lässt, in den ersten Jahren von Karls des Großen Regierung, ums Jahr 770, geboren. Über seine Heimat und seine frühesten Schicksale wird uns folgendes berichtet: „Einhard wurde in Ostfranken, in dem Gau, der Moingewi (Maingau) heißt, geboren und erhielt im Kloster Fulda unter der Leitung des heiligen Märtyrers Bonifatius[2] die erste Grundlage seiner Bildung. Von da wurde er mehr wegen seiner ungewöhnlichen Fähigkeiten, die schon damals in allem seine spätere glänzende Gelehrsamkeit erwarten ließen, als wegen vornehmer Geburt, die ihn doch nicht weniger[3] auszeichnete, durch den Abt Baugolf[4] in den Palast Karls gebracht, der alle Talente in seinem ganzen Reich aufzufinden und auszubilden bemüht war. Der kleine Mann, denn er war unansehnlich von Gestalt, erlangte nun ob seiner Klugheit und Rechtschaffenheit einen so großen Ruhm am Hofe Karls, dass es unter allen Dienern des Königs wohl keinen gab, zu dem dieser, der mächtigste und weiseste Fürst seiner Zeit, in einen so innigen und vertrauten Verhältnisse stand.

Diese Angaben sind einer Vorrede zum „Leben Karls“ entnommen, die von Walafrid Strabo, dem 849 gestorbenen Abt von Reichenau, verfasst ist und sich in zwei Handschrif-

1 Jassé hat die urkundlich beglaubigte und korrekte Form Einhard vorgezogen, aber da wir auch Bernhard, Richard usw. schreiben, ziehe ich die gewöhnliche und auch den Zeitgenossen schon geläufige Form vor. W.

2 Nämlich als des Schutzpatrons und geistigen Lenkers des Klosters. W.

3 Adel sagte hier, da ihm nur eine ältere falsche Lesart vorlag, das Gegenteil. W.

4 Baugolf, der Nachfolger des heiligen Sturm, war von 779 bis 802 Abt des Klosters Fulda.

ten des 15. Jahrhunderts erhalten hat[5]. Die Nachricht über seine Heimat wird durch Urkunden über Schenkungen seiner Eltern bestätigt, welche er selbst geschrieben hat. Die übrigen Angaben werden durch andere Quellen bestätigt, so auch die Bemerkung über Einhards kleine Gestalt durch den Bischof Theodulf von Orleans, der ihn „Nardulus", sein Nardchen, Einardchen nennt. Ebenso nannte ihn auch Alkuin in freundschaftlich scherzhaften Versen, welche den köstlichen Inhalt des kleinen Gesäßes mit Anspielung an nardus priesen.

Noch 791 hat Einhard, aller Wahrscheinlichkeit nach eben unser Autor, eine Schenkung an das Kloster Fulda unterschrieben und er war also etwas über 20 Jahre alt, als er an Karls Hof kam.

Im Jahre 782 war der um 735 zu York geborene Alkuin, der Einladung Karls folgend, der ihn das Jahr vorher in Parma kennen gelernt hatte, ins Frankenreich gekommen. Der König hatte in ihm den rechten Mann und das trefflichste Werkzeug zur Ausführung seiner Pläne gefunden. Nun beginnt die Gründung jener Schulen und Anstalten, durch welche Karl für die wissenschaftliche Bildung des Abendlandes eine neue und feste Grundlage schuf. Noch in das Jahr 782 (?) fällt wohl das an die Geistlichkeit seines Reichs erlassene Rundschreiben des Königs[6], in dem er sagt: „Da es uns am Herzen liegt, dass der Zustand unserer Kirchen ein immer besserer werde, so bemühen wir uns mit wachsamem Eifer, was durch die Lässigkeit unserer Vorfahren beinahe zu Grund gegangen, wiederherzustellen und den Wissenschaften eine neue Stätte zu bereiten, und muntern durch unser eigenes Beispiel wen wir können zu fleißiger Erlernung der freien Künste auf. So haben wir unlängst sämtliche Bücher

5 Abel hielt irriger Weise diese Vorrede für ein Strabo fälschlich zugeschriebenes späteres Machwerk, und dieser Abschnitt musste deshalb verändert werden. In seiner Übersetzung fehlt die Vorrede, welche ich nachtrug. Eine dritte Handschrift hat B. v. Simon nachgewiesen in der Zeitschrift f. Geschichte des Oberrheins, Reue Folge VII, S.314-319 W.

6 E. Mühlbacher in den Regesten Nr. 268 setzt das Sendschreiben zwischen 783 und 786, Boretius in der neuen Ausgabe der Capitularien in die Jahre 786-800. W.

des alten und neuen Testaments, die durch die Unwissenheit der Abschreiber verdorben waren, mit Gottes Beistand aufs Genaueste berichtigen lassen".

Bedeutsamer ist noch das königliche Rundschreiben vom Jahre 787, das in dem uns erhaltenen Exemplar insbesondere an den Abt Baugulf gerichtet ist, aber zugleich an alle Bischöfe und Äbte des Reichs erlassen wurde. Es heißt darin: „Es sei Eurer Gott wohlgefällige Frömmigkeit bekannt, wie wir samt unseren Getreuen es für nützlich erachtet haben, dass die unserer Regierung anvertrauten Bischofsitze und Klöster außer einem der Ordensregel entsprechenden Lebenswandel und der Übung der heiligen Religion ihren Fleiß auch auf die Beschäftigung mit den Wissenschaften und die Unterweisung derjenigen richten, die vermöge der Gabe Gottes lernen können, nach der Fähigkeit eines jeden. Denn da uns in den letzten Jahren von verschiedenen Klöstern öfters Schreiben zukamen, in denen angezeigt wurde, wie die in denselben wohnenden Brüder mit frommen und heiligen Gebeten für uns streiten, so haben wir aus den meisten Schreiben ihren guten Willen so- wohl, als ihre ungebildeten Reden erkannt: denn was die fromme Demut innerlich treu eingab, das konnte äußerlich wegen des vernachlässigten Unterrichts die ungebildete Sprache ohne Fehler nicht ausdrücken. Darum kam die Befürchtung in uns auf, es möchte, wie die Kunst des Schreibens gering war, so auch und weit geringer als recht die zum Verständnis; der heiligen Schriften nötige Bildung sein. Daher ermahnen wir Euch, nicht allein Eure wissenschaftliche Bildung nicht zu vernachlässigen, sondern auch das Ziel Eures Lernens darauf zu richten, dass Ihr leichter und richtiger in die Geheimnisse der göttlichen Schriften eindringen könnet. Es sollen aber zu diesem Zweck solche Männer gewählt werden, welche den Willen und die Fähigkeit zu lernen und zugleich den Trieb haben, andere zu unterrichten."

Damit übereinstimmend befiehlt Karl in dem am 23. März 789 von Aachen aus erlassenen Reichsgesetz (Kapitulare) den Geistlichen, Leseschulen für die Knaben einzurichten; Psalmen, Noten, Gesänge, Rechnen, Grammatik in den einzelnen Klöstern und Bischofstädten lehren zu lassen und richtig geschriebene katholische Bücher zu halten. „Und lasset sie nicht durch Eure Knaben vorlesen und abschreiben und so verderben, sondern wenn es nötig ist ein Evangelium, einen Psalter oder ein Messbuch abzuschreiben, so sollen das erwachsene Leute mit aller Sorgfalt tun."

Der Mittelpunkt dieser wissenschaftlichen Bestrebungen war Karls Hof zu Aachen, wo der König selbst das in seiner Jugend versäumte nachzuholen suchte und den Söhnen angesehener Familien mit seinen eigenen Kindern Unterricht geben lies. Hier erhielt auch unser Einhard seine weitere Ausbildung, und mit welchem Erfolg er Alkuins Unterricht genoss, davon legen seine Schriften nicht minder, als die Bewunderung seiner Zeitgenossen Zeugnis ab. Mit der römischen Literatur war er aufs Genaueste vertraut, Cicero, Sueton, Virgil scheint er besonders geliebt zu haben; nicht minder bekannt waren ihm die Schriften der Kirchenväter. Seine Kenntnisse im Griechischen[7], in Mathematik und Grammatik stehen außer Zweifel; und es ist kein geringes Lob, wenn ihn in einer wissenschaftlich strebsamen Zeit der um wenig jüngere Biograph Ludwigs des Frommen den gelehrtesten Mann seiner Zeit nennt.

Der König hatte einen wissenschaftlichen Freundeskreis um sich versammelt, dessen einzelne Mitglieder, um die Fesseln abzustreifen, welche die Verhältnisse des Lebens mit sich brachten, ihre gewöhnlichen Namen mit andern aus dem Altertum oder der Bibel entlehnten vertauschten. So hieß Karl selbst David, Alkuin Flaccus, Angilbert, der den König in Gedichten verherrlichte, Homer; unser Einhard, wohl einer der Jüngsten der Gesellschaft, erhielt den Namen Beseleel oder Bezaleel. So nennt ihn Alkuin, so auch der Abt Walafrid Strabo, der zugleich seinen Namen in bestimmte Beziehung zu jenem alttestamentlichen Bezaleel bringt, der die Stiftshütte und die Bundeslade machte und von dem es (2 Mos. 35, 31. 33) heißt: „Er hat

7 Diese waren vermutlich von sehr geringem Umfang. W.

ihn erfüllet mit dem Geist Gottes, dass er weise, verständig, geschickt sei zu allerlei Werk; künstlich zu arbeiten am Golde, Silber und Erz; Edelstein schneiden und einsetzen, Holz zimmern, zu machen allerlei künstliche Arbeit." Dies; gibt uns über die Tätigkeit und das Amt Einhards sicheren Aufschluss er war nicht, wozu ihn die Sage machte, Karls Kaplan und Geheimschreiber, sondern, wie wir jetzt sagen würden, sein Minister der öffentlichen Arbeiten; er hatte die Bauten, welche der König unternahm, auszuführen oder zu leiten. Auch noch durch anderweitige Zeugnisse erhält dies; seine Bestätigung. In der Geschichte der Äbte von Fontenelle wird berichtet, dass Abt Ausegis von Karl zum Aufseher der Bauten im Palast zu Aachen gemacht worden sei und dabei den Einhard zu seinem Vorgesetzten gehabt habe. Der berühmte Hrabanus Maurus, Abt von Fulda und von 847 bis 856 Erzbischof von Mainz, bezeichnet seinen Freund Einhard in der ihm gesetzten Grabschrift als den, „welchen der Fürst Karl am eigenen Hofe auferzog und durch den er viele Werke ausführte." Unter diesen „Werken" (opera) kann man kaum etwas anderes als Bauwerke verstehen. Von seinem Studium des Vitruv gibt ein Schreiben an seinen Sohn Vussinns Zeugnis, den er zur Erläuterung dunkler Stellen dieses Schriftstellers auf die Schachtel voll elfenbeinerner Säulen hinweist, „die der Herr E. (wahrscheinlich der 822 gestorbene Abt Egil von Fulda) nach dem Muster der alten Bauwerke (opera) angefertigt hat." Wem fallen hierbei nicht die Säulen ein, die Karl zum Bau des Doms von Aachen aus Rom und Ravenna hatte kommen lassen? Nach allem angeführten hat die Annahme viel Wahrscheinlichkeit, dass Einhard es war, der den Bau des noch heute bewanderten Doms, sowie den der Mainzer Brücke und der Paläste von Aachen und Ingelheim teils leitete, teils ausführte. Seiner eigenen Angabe zu Folge erbaute er die nicht unansehnliche Kirche zu Michelstadt[8]

8 Basilicam non indecori operis nennt er sie und erwähnt die Säulen, Kapitäle und marmornen Bilder, die in ihr waren. A. — Jassé hat nicht ohne Grund vor einer Überschätzung der Tätigkeit Einhards als Baumeister gewarnt. W.

und war dabei ohne Zweifel als Baumeister nicht minder, denn als Bauherr in Anspruch genommen. Müssen wir uns demnach Einhards Tätigkeit am Hofe und in der Verwaltung als eine vornehmlich wissenschaftliche und künstlerische denken, so kann es nicht befremden, dass in der politischen Geschichte sein Name nur selten genannt wird. In dem königlichen Erlasse vom Februar 802 wird er unter den Großen ausgeführt, denen die Bewachung der sieben und dreißig sächsischen Geiseln anvertraut war: Einhard hatte zwei Edle der Angrarier bei sich, den Fridamund des Warmunt, und den Makrinus des Megitod Sohn. Im Jahre 806 wurde er, so berichtet er selbst, nach Rom abgesandt, um des Papstes Beistimmung zu der vom Kaiser gemachten Teilung des Reichs einzuholen. Als aber der Tod von Karls älteren Söhnen eine neue Anordnung nötig machte und der Kaiser zu diesem Zwecke im Sommer 813 einen Reichstag nach Aachen berufen hatte, da war es der Erzählung des Ermold Nigellus zufolge „Heinard, durch Karls Liebe geehrt, klug von Verstand, durch Herzensgüte ausgezeichnet, der dem Kaiser zu Füssen fiel und durch seinen weisen Rat“ ihn bewog, seinen Sohn Hludwich zum Mitregenten zu machen und ihm den Kaisertitel zu geben.

So finden wir unsern Einhard in den verschiedensten Beziehungen des Lebens innig mit Karl verbunden. In demselben nahen Verhältnisse stand er zu dessen Sohn und Nachfolger Ludwig, mit dem er aufgewachsen und erzogen war. Er erhielt von dem neuen Kaiser mannigfache und unzweideutige Beweise seiner Dankbarkeit und seines Vertrauens. Noch aus dem ersten Jahre seiner Regierung, vom 11. Januar 815, datiert eine zu Aachen für Einhard ausgestellte Urkunde, in der es heißt: „Der kaiserlichen Hoheit Brauch ist es, treue Diener durch vielfältige Gaben zu ehren und durch große Ehren zu erhöhen. Darum hat es uns, dem Brauch unserer Vorfahren folgend, gefallen, einen unserer Getreuen, Namens Einhard, mit mehreren uns zugehörenden Besitztümern zu begaben. Durch den treuen und hingebenden Gehorsam, mit dem er bisher uns zu dienen eifrig bestrebt war, hat er solches wohl um uns verdient. Es sei also allen unsern Getreuen kund und zu wissen getan, dass wir unserm getreuen Einhard und seiner Gemahlin Imma in Deutschland den Ort Michlinstat im Odonewalt verliehen haben, diesen Ort mit seiner ganzen Gemarkung und seinen Dienstleuten, außerdem auch noch das Gut Mulinheim im Mohnecgome, das am Ufer des Mohnflusses gelegen ist und einst dem Grafen Drogo gehört hat."

In derselben Zeit scheint Einhard in den geistlichen Stand getreten zu sein, was dem Kaiser Ludwig neue Gelegenheit gab, ihm seine Zuneigung und Freundschaft zu beweisen[9]. In einer am 3. Juni 815 zu Aachen ausgestellten kaiserlichen Urkunde für das Kloster Blandinium bei Gent lernen wir Einhard zum erstenmale als Abt daselbst kennen. Ein Jahr später ungefähr erhielt er die Abtei Fontenelle bei Rouen, die er nach sieben Jahren an seinen Freund Ansegis abtrat. Eine kaiserliche Urkunde vom 13. April 819 zeigt ihn als Abt von St. Bavo zu Gent. Dass er Abt von St. Servatius in Maestricht war, beweist eine von ihm selbst unter diesem Titel ausgestellte Urkunde vom Jahr 819 oder 821. Außerdem besaß er noch, wie aus seinen eigenen Angaben hervorgeht, die Abtei des h. Chlodowald, deren Lage unbekannt ist, die Kirche Johannis des Täufers zu Pavia und ein Leben zu Frideslare in Hessen.

Es scheint übrigens nicht, dass sein Eintritt in den geistlichen Stand in seinen öffentlichen und häuslichen Verhältnissen eine große Veränderung hervorgebracht hätte. Seine Imma blieb ihm auch fernerhin und bis an ihren Tod eine liebe und unzertrennliche Lebensgefährtin. Und wie früher war er auch jetzt noch beständig um den Kaiser, der seinen Umgang und seine Dienste nicht entbehren mochte. Mehrere auf den Namen Ludwigs ausgestellte amtliche Schreiben, die sich in der Sammlung von Einhards Briefen finden, geben uns über seine politische Tätigkeit und sein Verhältnis; zum Kaiser Aufschluss. Als Ludwig im Jahre 817 mit seinem erstgebornen Sohn, dem einundzwanzigjähri-

---

9 Mit guten Gründen hat Jassé Einhards Eintritt in den geistlichen Stand in Abrede gestellt; es wurden nicht selten damals Klöster an Laien als Äbte verliehen. Vergl. unten S. XXII. W.

gen Lothar, die kaiserliche Gewalt teilte, gab er diesem den bewährten Einhard als Führer und Leiter zur Seite. Wie lange dieses Verhältnis dauerte, ist ungewiss. Aber die aus dem schwachen Regiment des Kaisers entspringende, seit seiner zweiten Heirat noch mehr überhandnehmende Auflösung des Reichs, dessen höchsten Glanz er gesehen hatte, machte in Einhard den Wunsch lebendiger, sich ganz aus dem öffentlichen Leben zurückzuziehen. Schon seit Karls Tode hatte er diesen Gedanken mit sich herumgetragen.

„Als ich noch bei Hofe war", schreibt er, „und weltlichen Geschäften oblag, dachte ich im stillen oftmals an die Ruhe, die ich dereinst zu genießen wünschte. Da fand ich einen verborgenen und vom Geräusch der Welt ganz abgelegenen Ort im Odanwald und erhielt ihn vom Fürsten Ludwig, dem ich damals diente, zum Geschenk". Das immer gespanntere Verhältnis; zwischen dem Kaiser und seinem Sohn Lothar musste ihm seine Stellung und den Aufenthalt bei Hofe immer mehr verleiden und die Sehnsucht nach der Einsamkeit steigern. Bereits am 12. Sept. 819 stellten er und seine Frau Imma eine Urkunde aus, der zu Folge Michlensstat im Plumgowe nach ihrem Tode dem Kloster Lorsch als Eigentum zufallen sollte. Mehr und mehr gab sich nun sein Geist einer mystisch religiösen Richtung hin, von der seine Geschichte der Übertragung der Heiligen Marcellinus und Petrus das beste Zeugnis gibt.

Der Abt Hilduin von St. Denis hatte, wie in den Jahrbüchern erzählt wird, im Jahr 826 den Leib des heiligen Sebastian von Papst Eugen II. zum Geschenk erhalten. Dies machte in Einhard den heißen Wunsch rege, einen ähnlichen Schatz für die von ihm selbst gebannte, aber noch nicht eingeweihte[10] Kirche von Michelstadt zu erlangen. Er schickte zu dem Ende seinen Schreiber Ratleik nach Rom, dem es hier auch, wiewohl nicht ohne Mühe und List, ge-

10 Mit dieser ausdrücklichen Angabe Einhards stehen die gleichzeitigen Fuldaer Annalen, welche die Einweihung der Kirche ins Jahr 821 setzen, in einem unlösbaren Widerspruch. A. - Diese Eintragung beruht nur auf einer Ergänzung des fast ganz, unlesbaren und beschädigten Originals von Pertz, welche vermutlich unrichtig ist. W.

lang, die Leichname der heiligen Marcellinus und Petrus an sich zu bringen. Er schaffte sie über Pavia, St. Moritz im Wallis, „durch das Gebiet der Alamannen nach der burgundischen Stadt Solodurum", von da über „Argentoratum, das Ietzt Strasburg heißt", und den Rhein hinunter nach „Michilinstadt in dem Gebirge von Deutschland, das in neuer Zeit Odanwald heißt". Hier kamen sie gegen das Ende des Jahres 827 an, aber in Folge einer ihm von den Heiligen gemachten Offenbarung lies sie Einhard im Januar des folgenden Jahres nach Mulinheim bringen. Als er bald darauf zum kaiserlichen Hoflager reiste, musste er erfahren, dass ein Teil der heiligen Leiber unterwegs entwendet und nach Soissons gebracht worden sei; es war ihm Gewissenspflicht, diesen Teil nicht von dem übrigen getrennt zu lassen, und er bewog den Abt Hilduin, ihm denselben abzutreten. Anfangs Mai 828 wurde die Reliquie des heiligen Marcellinus aus dem Kloster St. Medardi in Soissons abgeholt und über Aachen nach Mulinheim gebracht, wo sie im Oktober eintraf. Hier nun gründete Einhard zu Ehren der Heiligen die Benediktinerabtei, die allmählich den Namen Seligenstadt erhielt und bis ans Ende des vorigen Jahrhunderts bestanden hat.

Der fromme Dienst, den er seinen beiden Heiligen widmet, nimmt von nun an unsern Einhard fast ausschließlich in Anspruch, alles andere schien ihm daneben von untergeordneter Bedeutung, und selbst in der Politik wurden sie seine Ratgeber. Eine Erzählung in seiner Geschichte der Übertragung der beiden Heiligen ist in dieser Hinsicht bemerkenswert und bezeichnend für den Standpunkt, von dem aus er jenes Werk schrieb. Einem aus Aquitanien hergebrachten Blinden, Namens Albrich, dem während der zwei Jahre, die er im Kloster zubrachte, jede Nacht die Heiligen im Traum erschienen, wurden einstmals ganz besondere Offenbarungen durch den Erzengel Gabriel gemacht, die nach dessen Befehl aufgeschrieben und durch Einhard dem Kaiser mitgeteilt werden sollten. Dies geschah auch. Ludwig las die Schrift durch; „aber von dem, was er in derselben zu tun geheißen oder ermahnt worden war, führte er nur sehr wenig aus". Noch vier und dreißig Jahre nach seinem Tode hatte der fromme Kaiser diese Unterlassungssünde XVI Einleitung. in den Qualen des Fegefeuers zu büßen und erschien deshalb, nach der Erzählung der Fuldaer Jahrbücher, seinem Sohne Ludwig klagend im Traume. Einhard scheint durch die geringe Beachtung jener Ratschläge verletzt worden zu sein, sein Glaube befestigte sich aber nur noch mehr, und in dem Unglück, das im Frühjahr 830 über den Kaiser kam, sah er nur die Erfüllung der zwei Jahre vorher verkündeten, aber missachteten Weissagungen.

Die sich täglich trauriger gestaltende Entwicklung der öffentlichen Verhältnisse, das Gefühl, mit seinem wohlgemeinten Rat nichts ausrichten können, endlich ein Milz- und Nierenleiden, das sich einstellte und ihn nie wieder verlies, das alles kam zusammen, um ihn immer trüber zu stimmen, seinen Sinn von dem Treiben der Welt abzuziehen und auf ein stilles, beschauliches, bloß dem Jenseits zugewandtes Leben zu richten, wie es ihm der fromme Aufenthalt am Grabe seiner Heiligen bot. Es war im Frühjahr 830, als die offene Empörung gegen den Kaiser ausbrach und auch dessen ältester Sohn Lothar aus Italien gegen ihn heranzog. Einhard war noch bei der Kaiserin Judith in Aachen und schrieb auf ihre Bitte ohne Zweifel den schönen und bedeutsamen Brief an seinen ehemaligen Zögling, der hier wohl eine Stelle verdient.

"Welche Sorge und Bekümmernis um Eure Hoheit mich erfüllt, das kann ich Euch nicht leicht mit Worten ausdrücken. Denn immer habe ich Euch und Euern Vater gleich sehr geliebt und in gleichem Maße Euer beider Wohlfahrt genwünscht, seitdem er mit Euch unter Zustimmung seines ganzen Volks seine Würde und sein Reich geteilt und mir geboten hat, Euch in Obhut zu nehmen, über Eure Sitten zu wachen und Euch zu allem ehrbaren und nützlichen Tun anzuhalten. Wenn Ihr auch hierin meine Dienste weniger förderlich erfunden habt, als sie hätten sein sollen, so fehlte doch meinerseits der treue Wille nicht, und diese Gesinnung, welche heute noch lebendig ist, lässt mich nicht schweigen, sondern verpflichtet mich, Euch zum Heil zu raten und mit wenigen Worten vor der Gefahr zu warnen, die Euch droht. So wisse denn Eure Hoheit, dass es zu meiner Kenntnis gekommen ist, wie etliche Menschen, die mehr auf ihren als Euern Vorteil ausgehen, Euch ausreizen und zu bewegen suchen, den väterlichen Rat missachtend und den schuldigen Gehorsam verletzend, den Euch von Euerm Vater zur Regierung angewiesenen Ort zu verlassen[11] und gegen seinen Willen und Befehl zu ihm zu kommen und, so unlieb es ihm auch ist, bei ihm zu bleiben. Kann man sich etwas verkehrteres und ungebührlicheres denken? Überleget doch, was das für ein Rat ist und wie viel böses er in sich fasst. Vor allem will er Euch, wie es mir scheint, verleiten, jenes Gebot Gottes, in dem er die Eltern zu ehren befiehlt, zu missachten und das lange Leben, das als Lohn für die Befolgung dieses Gebots verheißen ist, für nichts zu halten; sodann ungehorsam zu werden und mit hochmütigem Trotz sich gegen den zu erheben, unter den Ihr Euch mit Demut beugen solltet; ferner durch Eure Missachtung und Ungehorsam die Liebe ganz zu verbannen und die Zwietracht, von der man zwischen Euch gar nicht sollte sprechen dürfen, so zu steigern, dass statt der Liebe gar noch Hass ausbricht, was um jeden Preis verhütet werden muss. Denn Ihr werdet, glaube ich, gar wohl wissen, wie sehr ein trotziger und seinen Eltern ungehorsamer Sohn ein Abscheu ist vor dem Herrn, und dass Gott, Wie Ihr im Deuteronomium es lesen könnt, durch Moses geboten hat, dass er von allem Volke gesteiniget werde. Darum habe ich Euch ermahnen zu müssen geglaubt, dass Ihr nach der Euch von Gott verliehenen Klugheit die Euch drohende Gefahr vermeidet und nicht meinet, es könne dieses göttliche Gebot, obwohl es im alten Gesetze steht, von irgendjemand verachtet werden. Denn es ist eines von den vielen, welches unsere Meister und Lehrer, die heiligen Väter, für neue wie für alte Zeiten, für Christen wie für Juden für verbindlich erklärt haben. Ich liebe Euch, Gott weiß das, und darum wende ich mich mit meinen Ermahnungen so vertrau-

11 Lothar war nach dem Wormser Reichstag im Sommer 829 nach Italien geschickt worden, um dem Getreibe der Parteien entrückt zu sein.

ensvoll an Euch. Ihr aber müsst nicht die niedrige Person des Ermahnenden, sondern die Heilsamkeit des Raths in Anschlag bringen."

Wie wenig Erfolg diese ernsten Ratschläge und Warnungen hatten, ist bekannt. Im Mai traf Lothar in Compiegne ein und gab seine Zustimmung zu den schon vorher daselbst von seinem Bruder Pippin und dessen Anhang über den Kaiser und seine Gemahlin verhängten Verhaltensregeln. Einhard hatte sich durch die Kaiserin bewegen lassen, von der Erlaubnis, nach Seligenstadt zurückkehren zu dürfen, keinen Gebrauch zu machen, sondern ihr von Aachen nach Compiegne zu folgen, um auch noch seinen persönlichen Einfluss bei Lothar geltend zu machen. Aber unterwegs erkrankte er so schwer, das er sich von Valenciennes zu Schiff nach Gent zurückbringen lassen musste. Von hier aus schrieb er bittend an den Kaiser:

„Hohen Lohn könnt Ihr Euch vor Gott erwerben, wenn Ihr mich zum Dienst seiner Heiligen ziehen lasset, falls ich noch lebendig werde dahin gelangen können. Ich glaube, das jene heiligen Märtyrer werden Fürsprecher für Euch sein bei Gott, wenn Ihr ihren Dienst dem Eurigen vorgehen lasset. Denn ich kann in keinem andern Ort Eures Reiches Euch größeren Nutzen bringen, als dort, wenn Ihr meine Bitte gewähret."

Sie wurde gewährt. Aber die Vorgänge im Reich und in der kaiserlichen Familie waren zu bedenklich, als das er hätte der Ruhe genießen können. Von seiner eifrigen Teilnahme an dem damaligen politischen Treiben geben zwei Briese aus jener Zeit Zeugnis. In dem einen ließ er den unterdessen in Compiegne angekommenen Lothar durch einen Bischof aus seiner Umgebung dringend um eine Zusammenkunft mit ihm ersuchen. Der zweite ist an einen Freund gerichtet:

„Über so vieles ich auch gerne etwas erfahren möchte, so bin ich doch auf zweierlei in diesem Augenblick ganz besonders gespannt: einmal nämlich, wo und wann jener große Reichstag gehalten werden soll, sodann, ob Lothar nach Italien zurückkehren oder bei seinem Vater bleiben soll? Möge es Euch nicht zu beschwerlich fallen, mir über diese beiden Dinge Nachricht zukommen zu lassen. Mehr als alles, was sonst bei Euch vorgeht, liegt mir daran, dies zu erfahren, indem es davon abhängt, was ich zu tun habe, falls mir Gott die Gnade gewährt, etwas nützliches ausrichten zu können. Ich wünsche sehr, Dich, Du liebster meiner Freunde, in Bälde zu sehen".

Einhard bezieht sich hier auf den Reichstag, der aus dem ersten Oktober und „weil der Kaiser den Deutschen mehr als den Franken traute", nach Neumagen ausgeschrieben wurde." Ganz Deutschland strömte dort zusammen, um Ludwig beizustehen, der den Sommer über nur noch dem Namen nach Kaiser gewesen war." Diese Angabe sowohl, als die Worte des Briefs lassen kaum daran zweifeln, das auch Einhard sich in Neumagen einfand und, wozu keiner mehr als er geeignet war, bei der Versöhnung Ludwigs und Lothars mitwirkte.

Dies scheint aber auch seine letzte politische Tätigkeit gewesen zu sein. Er zog sich ganz nach Seligenstadt zurück, um hier den Abend seines Lebens ununterbrochen zuzubringen. Aber Ruhe erlangte er nicht. Noch all‘ den Jammer von Ludwigs letzten Regierungsjahren musste er mitansehen; Krankheit brachte ihn an den Rand des Grabes. So konnte es ihm nicht schwer werden, allen Versuchungen und Aufforderungen zur Rückkehr an den Hof und zu politischer Tätigkeit zu widerstehen. Er hatte abgeschlossen mit dem Leben. „Ich bitte", schreibt er an den Kaiser, „Eure Gnade inständigst, das Ihr Euch über einen armen sündigen Menschen, der schon alt und sehr gebrechlich ist, erbarmen und ihn aller weltlichen Sorgen ganz entheben möget. Lasset mich in Ruhe und Frieden am Grabe der Märtyrer Christi, Eurer Schutzheiligen, unter Eurem Schirm mich der Verehrung dieser Heiligen und dem Dienste Gottes unseres Herrn Jesu Christi weihen, auf das mich jener unvermeidliche, letzte Tag, der dem Alter, in dem ich stehe, zu folgen pflegt, nicht mit überflüssigen und gleichgültigen Sorgen, sondern mit Gebet, frommem Lesen und fleißiger Betrachtung des göttlichen Wortes beschäftigt finde."

In dieser lebenssatten, nur noch auf das übersinnliche gerichteten Stimmung war es, das Einhard, im Jahr 830, seine Geschichte der Übertragung der Heiligen Marcellinns und Petrus abfasste, ein mit inniger Glaubenswärme, aber auch mit ermüdender Weitläufigkeit geschriebenes, mit Wundererzählungen angefülltes Werk. Eine feine, auf Stellen der Bibel und der Kirchenväter begründete Untersuchung ist seine ums Jahr 835 entstandene, dem Abt Lupus gewidmete Schrift, „über die Verehrung des heiligen Kreuzes", in welcher sorgfältig, als Beantwortung einer von Lupus ihm vorgelegten Frage zwischen Anbetung und ehrfurchtsvoller Verehrung unterschieden wird, die er auch für das Kreuz in Anspruch nimmt.[12]

In diesen letzten Teil seines Lebens fallen auch die meisten der uns erhaltenen Briefe Einhards. Sie zeigen uns ihn, wie er für Freunde, für Unterdrückte und Unglückliche besorgt und tätig ist, oft auch dem politischen Gang der Dinge teilnehmend zusieht, immer aber sich wieder entmutigt abwendet und für seinen Kummer über das Unglück des Staats in frommer Übung der Religion und in der Stille des Klosterlebens Trost sucht. „Über die Zustände bei Hof", schreibt er an einen Freund, „bitte ich Dich ganz zu schweigen, da es nicht erfreulich ist etwas von dem, was dort vorgeht, zu hören. Von Dir und meinen übrigen Freunden, wenn mir außer Dir noch einer blieb, wünschte ich gerne Kunde zu haben, wo ihr seid und wie es euch geht". „Die Umwälzung", heißt es in einem andern Briefe, „die vor kurzem in diesem Reich stattgefunden, hat mich so niedergeschlagen, das wir nach den Worten Fosaphats[13] gar nicht wissen, was wir tun sollen, außer unsere Augen wenden auf den Herrn, und, wie Philo schreibt, die Hilfe Gottes anrufen, wo die menschliche aufhört".

Das schwerste Unglück aber traf Einhard im Frühjahr 836, der Tod seiner treuen Gattin. „Alle Sorgen und aller

12 Dieser Satz musste verändert werden, weil die damals verloren geglaubte Schrift von E. Dämmer entdeckt und im Neuen Archiv XI, S. 231—238, herausgegeben ist. W.

13 2 Thron 20, 12.

Eifer“, so schreibt er darüber an feinen Freund und Schüler Lupus, “für meine und meiner Freunde Angelegenheiten hat der bittere Schmerz erstickt, den ich über den Tod derjenigen empfinde, die mir einst die treueste Gattin, dann die teuerste Schwester und Gefährtin war“. Dieser Schmerz werde noch dadurch erhöht, das sein Glaube auf den Beistand der heiligen Märtyrer vergebens gewesen sei. „Denn welcher Sterbliche sollte nicht sein Loos beweinen und sich für den unglücklichsten halten, wenn er denjenigen in der Not von sich abgewandt und unerbittlich findet, von dem er Erhörung seines Flehens hoffte?“ Er wäre seinem Schmerz erlegen und in den Abgrund der Verzweiflung gefallen, wenn nicht die göttliche Barmherzigkeit seinen Blick auf das Vorbild und die Trostesworte der großen Männer früherer Zeiten gerichtet hätte. „Durch die Schriften und die heilsamen Ermahnungen Ihprians, Augustins und des Hieronymus habe ich mein von schwerem Kummer gebeugtes Herz wieder aufzurichten vermocht und sorgsam bei mir überlegt, was ich bei dem Hintritt der lieben Hausgenossin empfinden müsse, deren Sterblichkeit mehr als deren Leben ich beendigt sah“. Aber nur gelindert, nicht geheilt habe er dadurch seinen Schmerz; in seinem täglichen Tun und Treiben, in seinem ganzen Haus- und Familienleben, in allen kirchlichen und weltlichen Angelegenheiten, die er zu besorgen habe, fühle er die Größe des erlittenen Verlustes. Darum glaube er denn auch, das dieser Schmerz und Kummer ihn zeitlebens begleiten werde, und in Wahrheit sei es auch besser, die kurze Zeit, die er noch zu leben habe, in Traurigkeit als in Freude hinzubringen nach dem Wort des Herrn: Selig sind, die da Leid tragen.

Schon vor dem Tod seiner Imma und mit ihrer Zustimmung hatte Einhard über seine Besitztümer verfügt; Michelstadt sollte an das Kloster Lorsch fallen. Die Lehen, in deren Besitz er war, hatte er vom Kaiser Ludwig die Erlaubnis erhalten, an die Abtei Seligenstadt übertragen zu dürfen. Einen Leibeserben scheint er nicht hinterlassen zu haben. Im September 819 wenigstens hatte er noch keinen Sohn. Das beweist die schon oben erwähnte Schenkungsurkunde an das Kloster Lorsch, in der es heißt: „Sollten wir noch Söhne bekommen, so soll einer von ihnen uns in dieser Besitzung mit Niesbrauchs- recht nachfolgen". Es wäre nun gar nicht unglaublich, das der Vussinus, den er in einem sehr zärtlichen Brief seinen Sohn nennt, noch nach jener Zeit geboren worden, — und das sein geistlicher Stand diese Möglichkeit nicht ausschloss, zeigt Einhard selbst am deutlichsten, indem er, obgleich damals schon Abt von Blandigny, Fontenelle und Gent, doch ausdrücklich auf sie Bedacht nahm, — andererseits aber wird diese Annahme durch die Benennung „Sohn" nicht notwendig bedingt. Vussinus kann ebensowohl ein geliebter Schüler, vielleicht auch ein Patenkind Einhards gewesen sein, der, um auf den Inhalt des Briefs näher einzugehen, bisher unter feiner unmittelbaren Aufsicht in Seligenstadt erzogen, nun zu seiner weitern Ausbildung auf die von dem berühmten Hrabanus Maurus geleitete Klosterschule zu Fulda geschickt worden war. Und diese Auffassungsweise fände in dem sonst sehr befremdlichen Umstand ihre Bestätigung, dass an keiner andern Stelle von den auf uns gekommenen Schriften Einhards, namentlich auch nicht, wo die Veranlassung dazu so nahe lag, in den nach der Imma Tod zwischen ihm und Lupus gewechselten Briefen dieses Sohnes die geringste Erwähnung geschieht.

Es findet sich in den Jahrbüchern von Fulda zum Jahr 836 die Angabe, dass Kaiser Ludwig nach dem Schluss des im Mai abgehaltenen Reichstages von Thiodenhove über Frankonofurd zu den Heiligen Marcellinus und Petrus gekommen und von da über Ingilenheim nach Aachen zurückgekehrt sei. Sie rührt uns, diese trockene Nachricht. Denn, was er auch bei seinem Wunsche, eine aufrichtige Versöhnung mit Lothar herbeizuführen, mit Einhard zu besprechen und beraten haben mochte, wir werden wohl kaum daran zweifeln, dass die Reise des alten Kaisers nach Seligenstadt nicht minder dadurch veranlasst war, dass es ihn drängte, dem Einhard seine Teilnahme an dem herben Verlust, der ihn betroffen, zu bezeugen und ihm Trost zu bringen, ihm, dem Gespielen in den Tagen der Kindheit, dem treuen Freund und Berater im

Mannesalter, nun dem gleich ihm tief vom Unglück gebeugten, lebenssatten Greise. Es war wohl das letztemal, dass sie sich sahen. Im Juni 840 starb der Kaiser und schon seit einigen Wochen war damals auch Einhard nicht mehr unter den Lebenden, der 14. März 840 war sein Todestag[14]. In der Kirche zu Seligenstadt wurde er beigesetzt und ihm von seinem Freunde Hrabanus Maurus eine Grabschrift in sieben Distichen gedichtet, die ihm das schöne Zeugnis; gibt:

> Klug war er, rechtschaffen im Wandel und kundig der Rede; Vielen hat seine Hand Nutzen und Segen gebracht.

Von den verschiedenen schriftstellerischen Werken Einhards ist das Leben Karls des Großen zwar nicht das umfangreichste, aber dasjenige, welches ihm seinen Ruhm begründet hat. Er schrieb es als gereifter Mann, etwa im 45sten Jahre seines Lebens, in der nächsten Zeit nach Karls Tode, jedenfalls noch vor dem J. 820, wie daraus hervorgeht, dass es schon im J. 821 unter den Büchern des Klosters Sindleozes-Auva — dies; ist der ursprüngliche Name von Reichenau im Bodensee — angeführt wird. Der Inhalt der Schrift trug nicht minder als die Trefflichkeit ihrer Form dazu bei, dass sie gleich bei ihrem Erscheinen die allgemeine Aufmerksamkeit und Bewunderung auf sich zog und das ganze Mittelalter hindurch das beliebteste und gelesenste Buch blieb. Damit hängt es denn auch zusammen, dass sie, wie nicht leicht ein anderes Buch, von späteren Schriftstellern teils ausgeschrieben, teils nachgeahmt wurde, so noch zu Einhards Lebzeiten von den Geschichtschreibern Kaiser Ludwigs und den Chronisten von Fulda und Fontenelle. Unter König Arnulf machte ein Sachse, gewöhnlich der Poeta Saxo genannt, eine metrische Umschreibung von Karls Leben in Distichen; und noch im zwölften Jahrhundert nahm es Rahewin bei seiner Schilderung Kaiser Friedrichs I zum Vorbild. Was der mehrfach erwähnte Lupus schon ums Jahr

---

14 Adel nahm das früher nach den Geister Annalen als sicher betrachtete Jahr 844 an, aber diese Annalen sind ganz unzuverlässig und Jassé hat das Jahr 840 als das wahrscheinlichste nachgewiesen. W.

830 in einem Brief an Einhard als das Verdienst und den Vorzug seiner Schrift vor allen andern Werken der damaligen Zeit rühmt, ihre klassische Form, das hat auch heute noch seine Geltung. Das Latein sowohl, das er schreibt, als die Anordnung und Behandlung des Stoffs gibt Zeugnis; von seinem tiefen und fruchtbaren Studium der Alten. Hauptsächlich waren es Sueton's Biographien der römischen Kaiser, die ihm zum Vorbild dienten, und eine Reihe von Stellen zeigt, wie er namentlich das Leben des Augustus bei feiner Schilderung Karls vor Augen hatte. Aber eben diese Vorzüge bedingten zugleich die Schwächen seines Werks. Der klassische Boden, auf den er sich begab, blieb für ihn doch immer ein fremder; dagegen gab er seinen natürlichen und heimischen auf. Wer mittelalterliche Geschichtschreibung in ihrem eigentümlichen Wesen kennen lernen will, darf sich nicht an Einhard wenden. Jene kindliche Unbefangenheit und zugleich Unbeholfenheit, jene Innigkeit und Treuherzigkeit, wie sie uns in den mittelalterlichen Chroniken ähnlich wie in den altdeutschen Bildern entgegentritt, suchen wir bei ihm vergebens. Während die Werke der andern Chronisten, wie deutsch gedacht, so im Grund auch deutsch abgefasst sind und die lateinische Sprache meist nur wie eine Verkleidung erscheint, schrieb Einhard nicht bloß mit lateinischen Worten, sondern wirklich in lateinischer Sprache. Der Wert seines Buchs beruht darin, dass es uns ein von der Hand des Freundes und Staatsmanns treu und scharf gezeichnetes Bild von der großartigen Gestalt Karls gibt, aber es ist auch zugleich das bedeutendste Denkmal des frischen wissenschaftlichen Strebens und des Wiederauflebens der klassischen Bildung unter den Deutschen, die fortan das ganze Mittelalter hindurch die Hauptträger dieser Bildung blieben.

Otto Abel.

Diese schöne Arbeit von Otto Abel, ursprünglich schon im Jahre 1850 gedruckt, erschien in zweiter Auflage 1860, von mir neu bearbeitet nach der Ausgabe der Vita Caroli von Jaffé. Noch in demselben Jahre erschien eine neue Ausgabe von Waitz auf einer etwas veränderten kritischen Grundlage. Nach dieser ist die Übersetzung an einigen Stellen berichtigt, wie auch die vorstehende Einleitung überarbeitet werden musste.

Berlin, den 22. Januar 1893.
W. Wattenbach.

Das Leben Kaiser Karls

von

Einhard

Walafrids Prolog

Das Leben und die Taten des glorreichsten Kaisers Karl, welche hier folgen, hat, wie bekannt ist, Einhard, ein Mann, der unter allen Hofleuten dieser Zeit nicht allein wegen seiner Einsicht und Kenntnisse, sondern auch wegen seines ehrbaren und rechtschaffenen Wandels hohes Lob erwarb, aufgezeichnet und mit dem Zeugnis; unverfälschter Wahrheit, da er bei fast allen diesen Dingen selbst zugegen gewesen ist, bekräftigt. Er war nämlich geboren im östlichen Franken, in dem Gau, welcher Moingewi (Maingau) genannt wird, und erhielt die ersten Anfänge kindlicher Unterweisung im Kloster Fulda unter der Obhut des heiligen Märtyrers Bonifacius[15]. Von dort aber wurde er, mehr wegen seiner außerordentlichen Fassungskraft und seines scharfen Verstandes, wovon sich schon damals die hohe Weisheit, welche ihn später schmückte, erwarten ließ, als um seiner vornehmen Abkunft willen, obgleich er auch durch diese sehr ausgezeichnet war, von Baugolf, dem Abt des vorher genannten Klosters, nach Karls Pfalz verpflanzt. Denn dieser war unter allen Königen am begierigsten, weise Männer mit Fleiß aufzusuchen und sie zu pflegen, auf dass sie mit aller Behaglichkeit sich der Wissenschaft befleißigen könnten. Dadurch hat er auch den nebligen und so zu sagen fast ganz finsteren Umkreis des ihm von Gott anvertrauten Reiches durch die neue Einstrahlung aller Wissenschaft, dergleichen dieser Barbarei bis dahin zum Teil noch ganz unbekannt geblieben war, mit Licht erfüllt,

15 d. h. unter dessen, als des Schutzheiligen, Obhut und Fürsorge.

da Gott es erleuchtete. jetzt aber, da die Studien wieder in ihr Gegenteil zurücksinken, wird das Licht der Weisheit, das wenig Liebhaber mehr findet, immer seltener.

Jenes Männchen also — denn von Gestalt erschien er ganz unansehnlich — erreichte am Hofe Karls, des Liebhabers der Weisheit, soviel Zuwachs an Ansehen durch das Verdienst seiner Klugheit und Rechtschaffenheit, dass unter allen Dienern der königlichen Majestät fast keiner erfunden wurde, dem der König, welcher in jener Zeit unter allen der mächtigste und weiseste war, vertraulicher seine Geheimnisse mittheilte. Und in der Tat nicht ohne Grund, denn nicht allein zu den Zeiten Karls, sondern, was noch weit mehr zu bewundern ist, auch unter dem Kaiser Ludwig, als das Reich der Franken durch viele und verschiedene Störungen erschüttert wurde und großen Abbruch erlitt, hat er sich mit einer wunderbaren und von Gott ihm eingegebenen Vorsicht unter Gottes Schutz so wohl gehütet, dass der Ruf der Feinheit[16], welcher Vielen Neid und Gelächter zugezogen hat, ihn weder vorzeitig verließ, noch auch ihn in unentrinnbare Gefahren verstrickte. Solches sagen wir, damit und so weniger jemand an der Wahrheit seiner Worte zweifele, da er nun weiß, dass jener nicht allein der Liebe zu seinem Gönner hohes Lob zu spenden, sondern auch der Wissbegierde seiner Leser die helle Wahrheit mitzuteilen schuldig war. Dieses Werkchen habe ich, Strabo, mit Überschriften und Abschnitten versehen, so wie es mir passend zu sein schien, da mit jeder Leser leichter den Zugang zu dem finden könne, was ihm vorzüglich gefällt.

16 subtilitatis nomen. Der Satz ist schwer verständlich. Die Freiburger Handschrift hat sublimitatis nomen und casum statt risum. Danach würde es bedeuten, dass er die hochangesehene Stellung, welche Anderen Neid und Untergang gebracht hat, behielt, ohne in schwere Gefahr zu geraten. Der Ausdruck erscheint allerdings mal so nicht recht zutreffend.

Vorwort

Nachdem ich mir vorgenommen hatte, das öffentliche und häusliche Leben und zu einem nicht geringen Teile die Taten meines Herrn und Erziehers, des vortrefflichen und mit Recht hochberühmten Königs Karl zu beschreiben, so habe ich mich bei Ausführung dieses Vorsatzes der möglichsten Kürze befleißigt und mich bemüht, nichts von dem zu übergehen, was zu meiner Kenntnis gelangen konnte, aber auch nicht durch Weitsichtigkeit der Erzählung die abzuschrecken, welche von nichts neuem etwas wissen wollen, wenn es je zu vermeiden ist, durch eine neue Schrift bei denen nicht anzustoßen, welchen auch die alten und von den gelehrtesten und beredtesten Männern abgefaßten Werke zuwider sind. Und obwohl ich nicht zweifle, dass es manche wissenschaftlich beschäftigte Männer gibt, die unser gegenwärtiges Zeitalter für nicht so gering ansehen, dass alles, was sich jetzt zuträgt, als der Auszeichnung unwert, in Vergessenheit begraben werden müßte, die vielmehr vom Wunsch nach bleibender Erinnerung getrieben die herrlichen Taten anderer lieber auszeichnen, als den Ruhm ihres Namens durch Stillschweigen der Nachwelt vorenthalten wollen, so glaubte ich mich doch dadurch von meinem Vorhaben nicht abhalten lassen zu dürfen, da ich mir bewußt war, niemand könne so wahr und treu wie ich das aufzeichnen, was ich selbst miterlebte, was ich mit eigenen Augen sah, da ich überdies nicht wissen konnte, ob es wirklich auch von einem andern werde aufgezeichnet werden oder nicht. Und ich erachtete es für besser, noch neben andern denselben Gegenstand zu behandeln und ihn auf die Nachwelt zu bringen, als das ruhmvolle Leben und die herrlichen von Menschen der neueren Zeit wohl unerreichbaren Taten des ausgezeichnetsten und größten Königs seiner Zeit in die Nacht der Vergessenheit sinken zu lassen. Noch ein anderer und wie ich glaube nicht zu verwerfender Grund, der auch schon für sich allein mich zur Abfassung dieser Schrift hätte bewegen können, lag für mich vor, die Pflege nämlich, die ich von ihm genoss, und das freundschaftliche Verhältnis, in dem ich zu ihm und seinen Kindern fortwährend stand, seitdem ich an den Hof gekommen war: dadurch hat er mich so tief sich verpflichtet und mich im Leben wie nach seinem Tode zu seinem Schuldner gemacht, dass man mich mit Recht des Undanks bezüchtigen könnte, wenn ich, so vieler von ihm empfangener Wohltaten uneingedenk, die herrliche und glänzende Geschichte eines Mannes, der sich so hoch um mich verdient gemacht hat, mit Stillschweigen überginge und, als wäre er nie dagewesen, seinem Leben weder eine schriftliche Erinnerung noch das gebührende Lob widmete. Um sie zu beschreiben und darzustellen reichte freilich mein geringes und unbedeutendes Talent nicht aus, vielmehr hätte dazu das beredte Wort eines Tullius gehört. — Hier ist nun die Schrift, die das Andenken des größten und vortrefflichsten Mannes bewahren soll: man wird bei ihr neben seinen Taten sich wohl nur darüber verwundern, dass ich als Deutscher, der mit der römischen Sprache sehr wenig vertraut ist, gut und geschmackvoll etwas lateinisch schreiben zu können vermeinte, und so keck wurde, dass ich jenes Wort Cicero's über die lateinischen Schriftsteller, das wir im ersten Buch seiner Tuskulanen lesen, glaubte unbeachtet lassen zu dürfen: „Seine Gedanken schriftlich niederlegen, ohne sie ordnen, schön ausdrücken und den Leser damit ergötzen zu können, heißt Zeit und Schrift unverantwortlich mißbrauchen." Es hätte mich dieser Ausspruch des großen Redners vom Schreiben abschrecken können, hätte ich mich nicht schon vorher entschlossen gehabt, lieber das Urteil der Welt auf mich zu nehmen und den Ruf meines Talents preiszugeben, als aus Sorge für mich das Leben eines so großen Mannes ungeschrieben zu lassen.

Kaiser Karls Leben

1. Das Geschlecht der Merowinger, aus dem die Franken früher ihre Könige zu wählen pflegten, endete nach der gewöhnlichen Annahme mit König Hilderich, der auf Befehl des römischen Papstes Stephan[17] abgesetzt, geschoren und ins Kloster[18] geschickt wurde. Aber obwohl es erst mit ihm ausstarb, so war es doch schon längst ohne alle Lebenskraft und machte sich nur noch durch den eiteln Königstitel bemerklich; denn die Macht und die Reichsgewalt waren in den Händen der höchsten Beamten des Palastes, die Hausmeier hießen, und denen die ganze Regierung oblag. Dem König war nichts übrig geblieben, als dass er, zufrieden mit dem bloßen Königsnamen, mit langem Haupthaar und ungeschorenem Barts[19] auf dem Throne saß, um die

17 Schon der am 14.März 752 gestorbene Papst Zacharias hatte kurz vor seinem Tode den Befehl dazu gegeben, welchen Einhard seinem Nachfolger Stephan II zuschreibt. W.

18 Sithiu, d. i. Saint-Bertin, setzen einige Handschriften hinzu, in Übereinstimmung mit den Annalen des Klosters. W.

19 „Haar und Bart waren Zeichen und Tracht des Standes mündiger Freier. Wer sich Haar und Bart abschneiden ließ, unterwarf sich dadurch gleichsam der väterlichen Gewalt des Abschneidenen. (S. Paulus Diak. IV, 40; VI, 52.) Ein Freier konnte sich durch Übergabe seines abgeschnittenen Haares in die Knechtschaft eines andern geben." J. Grimm, Deutsche Rechtsaltertümer, S. 146. 239. Mit dieser germanischen Anschauungsweise hängt es zusammen, dass das lang herabfallende Haar das Ehrenzeichen des fränkischen Königsgeschlechtes war. Kein Schermesser berührte das Haupt eines Merovingers, ihm das Haar abschneiden war soviel, als ihn zur königlichen Würde unfähig machen. Und wie schon die älteste Sagengeschichte die salischen Könige die gelockten nennt, so war dies; auch eine der letzten Auszeichnungen, die den verkommenen Merovingern blieb.

Herrscherfigur zu spielen, die von überall her kommenden Gesandten anzuhören und ihnen bei ihrem Abgange die ihm eingelernten oder anbefohlenen Antworten wie aus eigener Machtvollkommenheit zu erteilen. Außer dem nutzlosen Königstitel und einem unsicheren Lebensunterhalt, den ihm der Hausmeier nach Gutdünken zumaß, besaß er nur noch ein einziges, noch dazu sehr wenig einträgliches Hofgut zu eigen und hatte darauf eine Wohnung und die für die notdürftigsten Dienstleistungen ausreichende, gar nicht zahlreiche Dienerschaft. Überall, wohin er sich begeben musste, fuhr er aus einem Wagen, den ein Joch Ochsen zog und ein Rinderhirte nach Bauernweise lenkte[20]. So fuhr er nach dem Palast, so nach der öffentlichen Volksgemeinde, die jährlich zu des Reiche; Wohlfahrt zusammen tagte, und so kehrte er dann wieder nach Hause zurück. Die ganze Staatsverwaltung aber und alles was im Innern oder nach außen hin anzuordnen oder auszuführen war, besorgte der Hausmeier[21].

2. Dieses Amt bekleidete zu der Zeit, da Hilderich abgesetzt wurde, Pippin, der Vater König Karls, schon wie ein erbliches Recht. Denn sein Vater Karl, der die großen Herren der Gewalt, die sie sich im ganzen Frankenlande angemaßt, beraubt, und die Sarrazenen, die es auf die Erobe-

---

20 „Dies hatten nicht etwa die Hausmeier ihm zu Schimpf angestellt, es war altkönigliches Recht, das sie dem ließen, der den leeren Namen fortführte." J. Grimm, deutsche Rechtsaltertümer, S. 262.

21 Als erläuterndes Beispiel für diese Schilderung mag das dienen, was die Metzer Jahrbücher zum Jahr 692 von Pippin dem Mittleren, Karl Martells Vater, berichten: Jedes Jahr hielt er am ersten März mit allen Franken nach altem Brauch die allgemeine Versammlung, in der er ans Ehrfurcht vor dem königlichen Namen demjenigen den Vortritt überließ, den er in feiner großen Demut und Milde selbst über sich gestellt hatte. Hieraus wurden von sämmtlichen fränkischen Großen die Geschenke in Empfang genommen, für den Frieden und Sehnt; der Kirchen Gottes und der Witwen und Waisen gesprochen, Strafen auf Entführung von Frauen und Brandstiftung gesetzt und dem Heere der Befehl gegeben, sich bereit zu halten, um sobald es ausgeboten werde, ausziehen zu können, wohin es bestimmt würde. Nachdem das besorgt war, ließ er den König unter ehrenvoller Bedeckung aus das Hofgut Mamaccä (Maumagues aus der linken Seite der Oise, in der Gegend von Noyon) bringen.

rung Galliens abgesehen hatten, in zwei großen Schlachten, erst in Aquitanien bei der Stadt Pictavium[22], dann bei Narbona am Fluss Birra aufs Haupt geschlagen und nach Hispanien zurückgejagt hatte, stand mit hoher Auszeichnung dem Amt vor, das ihm sein Vater Pippin hinterlassen hatte, und das gewöhnlich von dem Volke nur solchen anvertraut wurde, die durch Adel des Geschlechts und großen Besitz über andere hervorragten.

Nachdem Pippin, der Vater König Karls, das von Großvater und Vater ererbte Amt in bester Eintracht gemeinschaftlich mit seinem Bruder Karlomann einige Jahre lang zum Schein unter König Hilderich verwaltet hatte, entsagte sein Bruder Karlomann aus unbekannten Gründen, wahrscheinlich aber aus Liebe zu einem beschaulichen
Leben, den Mühen des weltlichen Regiments und zog sich 747
in die Muße nach Rom zurück; hier legte er sein weltliches Gewand ab, wurde Mönch und genoss noch einige Jahre in Gemeinschaft mit andern Brüdern, die deshalb mit ihm gekommen waren, die ersehnte Ruhe auf dem Berge Sorakte[23], wo er neben der Kirche des heiligen Silvester ein Kloster erbaut hatte. Aber da ihn die vielen vornehmen Franken, die um ein Gelübde zu erfüllen nach Rom wallfahrteten und ihn als ihren vormaligen Gebieter begrüßen wollten, durch ihre häufige Ansprache in der Ruhe, die er so sehr liebte, störten, so ward er genötigt einen andern Wohnsitz auszusuchen. Da er also gesehen hatte, wie diese vielen Besuche seinem Zwecke schadeten, verließ er den Berg und zog sich in die Provinz Samninm nach dem Kloster des heiligen Benedikt aus der Burg Casinum zurück und brachte dort den Rest seiner Tage in frommer Lebensweise zu[24].

3. Pippin aber wurde durch den Spruch des römischen Papstes vom Hausmeier zum König erhoben. Nachdem

22 Poitiers.

23 Monte Sant Oreste nördlich von Rom.

24 Er starb zu Vienne bei Lyon am 17. Aug. 755; f. Geschichtschr. VIII, 4, S. l67. A. - Rach Mühlbacher, Regesten der Karolinger l, S. 25, ist das richtige Jahr 754. W.

er nun fünfzehn Jahre oder etwas darüber allein über die Franken geherrscht und den neun Jahre hintereinander gegen Herzog Waifar von Aquitanien geführten aquitanischen
28. Sept 768 Krieg beendet hatte, starb er zu Paris an der Wassersucht mit Hinterlassung zweier Söhne Karl und Karlomann, auf die nach dem Willen Gottes die Herrschaft vererbte. Die Franken setzten sich nämlich auf einer allgemeinen Volksversammlung beide zu Königen, unter der Bedingung jedoch, dass sie das ganze Reich gleichmäßig verteilen müssten und Karl den Teil, den ihr Vater Pippin besessen hatte, bekäme, Karlomann aber in dem die Herrschaft führte, welchen ihr Oheim Karlomann einst verwaltet hatte. Von beiden Seiten wurden die Bedingungen genehmigt und jeder trat die Reichshälfte an, die ihm nach dieser Bestimmung zufiel[25]. Nur mit der höchsten Not wurde der Friede zwischen ihnen aufrecht erhalten, indem viele von Karlomanns Partei ihre Eintracht zu stören suchten, ja sogar gewisse Leute sie in Krieg mit einander zu verwickeln trachteten. Dieser Befürchtung lag jedoch. wie das Ende zeigte, keine ernstliche Gefahr zu Grunde; nach Karlomanns Tode flüchtete sich dessen Gemahlin[26] mit ihren Söhnen und den Vornehmsten seiner Anhänger nach Italien, kehrte sich ohne alle Ursache trotzig von ihres Gemahls Bruder ab und begab sich mit ihren Kindern unter den Schutz des Langobardenkönigs Desiderius. Karlomann war, nachdem er zwei Jahre[27] mit seinem Bruder gemeinschaftlich die Herrschaft geführt hatte, einer Krankheit erlegen; Karl aber wurde
4. Dez. 771 nach seines Bruders Tode unter allgemeiner Beistimmung der Franken zum König erhoben.

---

25 Die Angaben sind irrig, s. Abel-Simson, Jahrbücher unter Karl dem Großen, I, S. 23ff. W.

26 Girbergs wird sie von einigen genannt; im Jahr 770 gebar sie Karlomann einen Sohn Pippin.

27 Dies ist nicht genau. König Pippin in starb am 24. Sept. 768, Karlomann wurde am 18. Okt. gekrönt und starb am 4. Dez. 771, regierte also drei Jahre und zwei Monate.

4. Über die Geburt[28], die Kindheit, ja auch das Knabenalter Karls etwas zu sagen, hielte ich für töricht, weil nirgends etwas darüber schriftlich aufgezeichnet, und niemand mehr am Leben ist, der Auskunft darüber geben könnte; ich will mich darum bei dem unbekannten nicht aufhalten, sondern mit meiner Erzählung sogleich zu den Taten, Sitten und was sonst noch von seinem Leben zu berichten ist, übergehen, und zwar in der Weise, dass ich zürst über seine Taten im Innern und nach außen, dann über seine Lebensweise und seine wissenschaftliche Beschäftigung, zuletzt über seine Tätigkeit in der Staatsverwaltung und über seinen Tod berichte, und nichts von dem übergehe, was zu wissen wert und notwendig ist.

5. Den schon von seinem Vater begonnenen aber nicht vollendeten aquitanischen Krieg hoffte er am schnellsten
zu Ende bringen zu können, und unternahm ihn daher 769
von allen Kriegen, die er führte, zuerst und noch bei Lebzeiten seines Bruders, den er dabei auch um Hilfeleistung anging. Obgleich ihm nun sein Bruder den versprochenen Beistand versagte, so führte er doch den einmal unternommenen Feldzug mit Tapferkeit aus, und ließ nicht eher ab, als bis er durch Ausdauer und Standhaftigkeit seinen Endzweck erreicht hatte. Er nötigte den Hunold, der nach Waifars Tode Aquitanien in Besitz und den schon beinahe beendeten Krieg wieder aufgenommen hatte, Aquitanien zu verlassen und nach Waskonien zu flüchten. Aber auch hier ließ er ihm keine Ruhe, sondern setzte über den Fluss Garonna und ließ den Herzog Lupus von Waskonien auffordern; ihm den Flüchtling auszuliefern; wofern das nicht au-

28 Nach den meisten Angaben wurde Karl im Jahre 742 geboren, womit auch Einhard selbst übereinstimmt, indem nach ihm der Kaiser 72 Jahre alt wurde. Als sein Geburtstag wird in einem Kalender des Klosters Lorsch aus dem neunten Jahrhundert der zweite April angeführt; aber diese Angabe könnte sich auch auf Karl den Dicken beziehen. — Der Ort seiner Geburt ist ganz ungewiss und kaum minder bestritten als im Altertum der Homers. Paris, Ingelheim, Worms, Jupille bei Lüttig, Aachen, Groß-Bargel an der Unstrut in Thüringen, Karlsburg am Würmsee in Bayern werden von der Sage oder späteren Schriftstellern als Karls Heimat genannt, aber ein entscheidendes geschichtliches Zeugnis liegt nicht vor.

genblicklich geschehe, werde er sich ihn mit den Waffen in der Hand holen; Indes Lupus ließ sich raten und gab nicht allein den Hunold heraus, sondern unterwarf sich auch mit seiner ganzen Provinz dem König.

6. Nachdem er diesen Krieg beendet und die Angelegenheiten in Aquitanien geordnet hatte, sein Genosse im Reich aber bereits aus diesem Leben geschieden war, unternahm er durch die Aufforderung und die Bitten Adrians, des Bischofs der Stadt Rom, bewogen, den Krieg gegen die Langobarden. Schon früher hatte ihn sein Vater auf Andringen des Papstes Stephan unter großen Schwierigkeiten unternommen, denn einige fränkische Große, mit denen er gewöhnlich zu Rate ging, sprachen sich so entschieden gegen sein Vorhaben aus, dass sie sogar ganz offen erklärten, sie würden den König verlassen und nach Hause zurückkehren. Indessen kam der Krieg gegen König Haistulf damals doch zur Ausführung und ward in kürzester Frist vollendet. Aber obwohl Karl einen ähnlichen oder vielmehr ganz denselben Grund zum Krieg zu haben schien, so kostete er doch weit größere Anstrengung und hatte einen ganz anderen Ausgang. Pippin nämlich hatte den König Haistulf durch eine Belagerung von wenigen Tagen in seiner Stadt
756 Ticenum[29] gezwungen, Geiseln zu stellen, die den Römern
entrissenen Städte und Burgen wieder herauszugeben und
eidlich zu geloben, sie nicht wieder erobern zu wollen. Karl
aber ließ, nachdem er einmal den Krieg unternommen
hatte, nicht eher ab, als bis König Desiderius, durch lange
774 Belagerung ermattet, sich ihm ergeben, sein Sohn Adalgis,
auf den alle ihre letzte Hoffnung gesetzt hatten, nicht bloß
das Reich, sondern auch ganz Italien geräumt hatte, den
776 Römern das ganze ihnen entrissene Gebiet wieder ersetzt,
Herzog Hruodgaus von Friaul, der eine Empörung unter-
781 nahm, unterdrückt, ganz Italien seiner Herrschaft unter-
worfen und sein Sohn Pippin König von Italien war. Ich würde gerne an dieser Stelle erzählen, wie schwierig bei seinem Zug nach Italien der Übergang über die Alpen war

29 Pavia.

und mit welchen Mühseligkeiten die Franken zu kämpfen hatten, als sie über die unwegsamen Bergrücken, die zum Himmel anstrebenden Felsen und das raue Gestein zogen, aber es ist meine Absicht, in dieser Schrift weniger den Verlauf der von Karl geführten Kriege, als vielmehr seine Lebensweise auszuzeichnen. Dieser Krieg endete übrigens damit, dass Italien unterjocht, König Desiderius auf Zeitlebens verbannt, sein Sohn Adalgis aus Italien vertrieben und die Eroberungen der Langobardenkönige dem Adrian, dem Lenker der römischen Kirche, wieder übergeben wurden.

7. Nach Beendigung dieses Krieges wurde der sächsische wieder aufgenommen, der eigentlich nur unterbrochen worden war[30]. Kein Krieg, den das Volk der Franken unternahm, ist mit solcher Ausdauer, Erbitterung und Anstrengung geführt worden; denn die Sachsen, die wie fast alle Völkerschaften Deutschlands wild von Natur, dem Götzendienst ergeben und gegen unsere Religion feindselig waren, hielten es für nicht unehrenhaft, göttliches und menschliches Recht zu übertreten und zu schänden. Dazu kamen noch besondere Umstände, die jeden Tag eine Störung des Friedens verursachen konnten: die Grenze zwischen uns und den Sachsen zog sich fast durchaus ohne trennenden Zwischenraum in der Ebene hin, mit Ausnahme weniger Stellen, wo größere Waldungen oder dazwischen liegende Bergrücken eine scharfe Grenzlinie bildeten; so wollten Todschlag, Raub und Brandstiftungen auf beiden Seiten kein Ende nehmen. Dadurch wurden die Franken so erbittert, dass sie endlich ihren Schaden nicht mehr bloß heimgeben, sondern es auf offenen Krieg mit ihnen ankommen lassen wollten, Der Krieg wurde also begonnen und von beiden Seiten mit großer Erbitterung, jedoch mehr zum Nachtheil der Sachsen als der Franken, drei und dreißig Jahre lang ununterbrochen fortgeführt.
Er hätte freilich früher zu Ende gebracht werden können, 772
wenn nicht die Treulosigkeit der Sachsen gewesen wäre. Es bis
ist schwer zu sagen, wie oft sie besiegt waren und flehent- 804

30 Er war schon 772 begonnen.

lich sich dem Könige unterwarfen, das ihnen anbefohlene zu leisten versprachen, die ihnen abgeforderten Geiseln ohne Zögern stellten und die zu ihnen geschickten Beamten aufnahmen; waren sie doch einigemal so geschwächt und heruntergebracht, dass sie selbst dem Götzendienst zu entsagen und den christlichen Glauben anzunehmen gelobten. Aber wenn sie einerseits mehrmals bereit waren, dem nachzukommen, so waren sie andererseits jedesmal sogleich eifrig bei der Hand, das Gegenteil zu tun, so dass es schwer zu sagen ist, ob man ihre Geneigtheit zu dem einen oder zu dem andern mit größerem Rechte behaupten darf, denn seitdem der Krieg mit ihnen seinen Anfang nahm, ist kaum Ein Jahr verflossen, in dem nicht ein solcher Wechsel mit ihnen vorging. Aber in seinem hohen Sinn und seiner in Glück und Unglück sich gleich bleibenden Beharrlichkeit ließ sich der König durch keinen Wankelmut von ihrer Seite ermüden, noch von dem, was er sich einmal vorgenommen hatte, abbringen; vielmehr ließ er ihnen niemals ihr treuloses Verhalten ungestraft hingehen, sondern entweder zog er in eigener Person gegen sie zu Feld, oder schickte seine Grafen mit Heeresmacht gegen sie aus, um für ihr Tun Rache und eine gerechte Sühne zu nehmen. Zuletzt nachdem er alle, die ihm Widerstand geleistet hatten, besiegt und unterjocht hatte, riss er zehntausend Mann mit Weib und Kind von ihren Wohnsitzen auf beiden Ufern der Elbe los und siedelte sie in vielen Abteilungen in verschiedenen Gegenden Deutschlands und Galliens an. Unter der Bedingung aber, die vom Könige gestellt, von den Sachsen angenommen ward, nahm der Krieg, der sich so viele Jahre hingezogen hatte, ein Ende, dass sie dem heidnischen Götzendienst und den heimischen Religionsgebräuchen entsagten, die Sakramente des christlichen Glaubens annähmen und mit den Franken zu Einem Volke sich verbünden.

8. In diesem Kriege, durch so einen langen Zeitraum er sich auch hinzog, kämpfte Karl selbst doch nicht mehr als zweimal in ordentlicher Feldschlacht mit dem Feinde, das

erstemal an dem Berge Osneggi[31], bei dem Orte, der Theotmelli[32] heißt, das zweitemal an der Hase[33], und das im Ver- 783 lauf von einem Monat und wenigen Tagen. In diesen beiden Schlachten erlitten die Feinde eine solche Niederlage, dass sie den König nicht mehr herauszufordern, und wenn er kam, ihm nur dann Widerstand zu leisten wagten, wenn die Örtlichkeit besonderen Schutz bot. Viele Männer jedoch vom fränkischen wie sächsischen Adel und die die höchsten Ehrenstellen bekleidet hatten, wurden in diesem Kriege hin- 804 weggerafft, der erst im drei und dreißigsten Jahre ein Ende nahm. Während seines Verlaufs wurden in verschiedenen Ländern so viele und so schwere Kriege, die sich gegen die Franken erhoben, durch die Tätigkeit des Königs durchgeführt, dass man billig im Zweifel ist, ob man an ihm mehr die Ausdauer oder sein Glück bewundern soll. Denn zwei Jahre vor dem italischen hatte dieser Krieg seinen Anfang genommen, und obwohl er ununterbrochen fortdauerte[34] so blieb doch nichts von anderweitigen Geschäften ungetan, noch ging man irgendwo einem gleich mühevollen Kampfe aus dem Wege. Denn der König, der alle Fürsten seiner Zeit an Klugheit und Seelengröße überragte, ließ sich von nichts, was zu unternehmen und auszuführen war, durch die Mühe abhalten oder durch Gefahren abschrecken, sondern er hatte sich gewöhnt alles, wie es kam, zu bestehen oder zu ertragen, weder im Unglück nachzugehen, noch den falschen Lockungen des Glücks zu folgen.

9. Während er unaufhörlich und fast ohne Unterbrechung mit den Sachsen zu kämpfen hatte, zog er, nachdem die Grenze an den geeigneten Plätzen durch Besatzungen gedeckt war, mit möglichst großer Heeresmacht über die Pyrenäen nach Hispanien, wo sich ihm alle Städte und Bur- 778 gen, die er angriff, unterwarfen, und kehrte dann ohne den

31 Osning.

32 Detmold.

33 Bei Osnabrück; Der Ort hieß im Mittelalter Schlachtvörderberg, jetzt die Tlus. A. — Die Richtigkeit dieser Deutung ist ganz, zweifelhaft, s. Abel-Sinson I, 456. W.

34 Es traten in Wirklichkeit verschiedene längere Unterbrechungen ein. W.

geringsten Verlust mit seinem Heere wieder heim. Nur in den Pyrenäen selber hatte er auf seinem Rückzug etwas von der Treulosigkeit der Wastonen zu leiden. Als nämlich das Heer in langem Zuge, wie es die Enge des Orts erforderte, einher marschierte, so machten die Waskonen, die auf der Höhe des Berges sich in Hinterhalt gelegt hatten, — denn die Örtlichkeit ist durch die vielen dichten Wälder der dortigen Gegend sehr zu Hinterhalten geeignet - einen Angriff auf den letzten Teil des Trostes und der ganzen Nachhut, warfen ihn ins Thal hinab und machten in dem Kampf, der nun folgte, alles bis auf den letzten Mann nieder, das Gepäck raubten sie und zerstreuten sich dann unter dem Schutz der einbrechenden Nacht in höchster Eile nach allen Seiten. Den Waskonen kam bei diesem Strauß die Leichtigkeit ihrer Waffen und die Lage des Kampfplatzes zu Sinnen; die Franken dagegen waren durch das Gewicht ihrer Waffen und die ungünstige Örtlichkeit in allem
15. Aug. gegen die Waskonen im Nachteil. In diesem Kampfe fielen Eggihard des Königs Truchseß, Anshelm der Pfalzgraf und Hruodland, der Befehlshaber im brittannischen Grenzbezirk[35], nebst vielen andern. Und dieser Unfall konnte für den Augenblick auch nicht gerochen werden, weil sich der Feind nach Ausführung des Streichs so zerstreute, dass nicht die geringste Spur darauf leitete, in welchem Winkel er zu suchen sei.

10. Auch die Brittonen, die im westlichen Teile Galliens
786 an der Meeresküste wohnen, brachte Karl zur Unterwerfung; als sie ihm den Gehorsam verweigerten, ließ er ein Heer gegen sie ausziehen und zwang sie dadurch, Geiseln zu stellen und seinen Geboten Gehorsam zu geloben.

In eigener Person brach er alsdann an der Spitze eines
787 Heeres nach Italien auf und zog über Rom nach der kampanischen Stadt Kapua, wo er ein Lager schlug und den Beneventanern mit einem Kriege drohte, wofern sie sich nicht unterwürfen. Indes Herzog Aragis ließ es nicht so weit kommen; er schickte seine Söhne Rumold und Grimold mit

35 Der berühmte Roland, welcher geschichtlich nur hier erwähnt wird. W.

einer großen Summe Geldes dem König entgegen, ließ ihn bitten, seine beiden Söhne als Geiseln anzunehmen, und versprach mit seinem Volke allen seinen Befehlen nachzukommen, das eine ausgenommen, dass er selbst vor ihm erscheinen müsste. Der König brachte mehr die Wohlfahrt des Volkes als den hartnäckigen Sinn des Herzogs in Anschlag und nahm die angebotenen Geiseln an, erließ es ihm auch als eine große Gnade, vor seinem Antlitz, erscheinen zu müssen. Den jüngsten Sohn behielt er als Geisel bei sich, den älteren ließ er zum Vater heimziehen, und nachdem er Gesandte an Aragis abgeschickt hatte, um von den Beneventanern den Eid der Treue entgegenzunehmen, kehrte er nach Rom zurück. Hier verweilte er noch einige Tage, um an den Stätten der Heiligen seine Andacht zu verrichten, und zog dann nach Gallien heim.

11. Mit einem Male brach sodann der bayerische Krieg 787
aus, fand aber ein ebenso schnelles Ende. Er ward gleichermaßen durch den Übermut wie durch den Unverstand des Herzogs Tassilo veranlasst: auf Anraten seiner Gemahlin [36]nämlich, die eine Tochter des Königs Desiderius war und des Vaters Verbannung durch ihren Mann rächen zu können vermeinte, schloss er ein Bündnis mit den Hunen, den östlichen Nachbarn der Bayern, ab, und vermaß sich nun nicht bloß des Königs Befehle unerfüllt zu lassen, sondern ihn auch zum Kriege herauszufordern. Der König in seinem hohen Sinne ertrug Tassilos Halsstarrigkeit nicht, da sie doch gar zu weit zu gehen schien; er bot also allenthalben seine Truppen zum Zuge gegen das Bayerland auf und erschien selbst mit einem großen Heere am Lech. Dieser Fluss bildet die Grenze zwischen den Bayern und den Alamannen. Nachdem er an seinem Ufer ein Lager aufgeschlagen hatte, beschloss er vor dem Einmarsch in das Land die Gesinnung des Herzogs durch Gesandte noch einmal auf die Probe zu stellen. Aber Tassilo hielt es mit Rücksicht auf sein und feines Volkes Wohl nicht für geraten, in seinem hartnäckigen Ungehorsam zu verharren; demütig ergab er sich dem

36 Sie hieß Liutpirc, wie auf dem Becher in Kremsmünster steht. W.

König, stellte die verlangten Geiseln, darunter auch seinen Sohn Theodo, und gelobte eidlich, sich durch niemanden zum Abfall von ihm verleiten zu lassen. Und so ward diesem Krieg, der besonders schwer zu werden drohte, ein gar
788 schnelles Ende gesetzt. Tassilo wurde indes; nochmals zum König berufen und durfte nicht wieder heimkehren: sein Land stand hinfort nicht mehr unter einem Herzog, sondern wurde von Grafen regiert.

12. Nachdem diese Bewegungen so unterdrückt waren,
789 wurden die Slaven[37], die bei uns gewöhnlich Wilzen, in ihrer eigenen Sprache aber Welataben heißen, mit Krieg überzogen. Dabei leisteten unter den andern Völkerschaften, die der König aufgeboten hatte, auch die Sachsen Kriegsdienste, freilich in nicht sehr aufrichtigem und treuem Gehorsam. Der Krieg wurde dadurch herbeigeführt, dass die Wilzen die seit langer Zeit mit den Franken verbündeten Abodriten durch unaufhörliche Einfälle beunruhigten und sich durch kein Verbot davon abbringen ließen. Es erstreckt sich von dem westlichen Ocean nach Osten ein Meerbusen in unbekannter Länge und in einer Breite, die nirgends mehr als 100.000 Schritte beträgt, an vielen Stellen aber weit geringer ist. Viele Völkerschaften umwohnen ihn: die Dänen und Sueonen[38], die wir Nordmannen nennen, haben die ganze Nordküste und alle in ihm liegenden Eilande inne; die Südküste aber wird von Slaven und Aisten[39] und verschiedenen andern Völkerschaften bewohnt, unter denen besonders auch die Welataben sind, die der König zu der Zeit bekriegte. In einem einzigen Feldzug, den er in eigener Person ausführte, bezwang und unterwarf er sie so vollständig, dass sie seinen Befehlen nicht mehr widerstreben mochten.

791 13. Der bedeutendste Krieg von allen, den er außer dem sächsischen führte, folgte auf diesen Feldzug, der nämlich gegen die Avaren oder Hinten. Er war dabei ganz besonders eifrig und machte größere Zurüstungen als je sonst. In

---

37 Einhard und die mittelalterlichen Schriftsteller schreiben immer Sklaven.

38 Schweden.

39 Esten, vergl. Tacitus Germania Kap.45.

eigener Person führte er jedoch nur einen einzigen Feldzug nach Pannonien an — dieses Land nämlich bewohnte zu der Zeit jenes Volk —, die Ausführung der übrigen übertrug er seinem Sohne Pippin, den Landeshauptleuten, den Grafen und Sendboten. Da diese den Krieg mit der größten Tapferkeit führten, so wurde er im achten Jahre endlich beendet. Wie viel Schlachten während desselben geschlagen, wie viel Blut vergossen ward, davon mag das menschenleere Pannonien und die Stätte zeugen, wo vormals des Kagans Königsburg war und die jetzt so verödet liegt, dass auch keine Spur menschlicher Behausung zu entdecken ist. Der gesamte Adel der Hunen kam in diesem Kriege um, ihr ganzer Ruhm ging unter. Alles Geld und die seit langer Zeit angehäuften Schätze fielen in die Hände der Franken und durch keinen Krieg, soweit Menschengedenken reicht, erbeuteten diese so große Reichtümer. Denn während man sie bis dahin beinahe arm nennen konnte, fanden sie nun in der Königsburg eine solche Masse Geldes und Silbers vor und machten in den Schlachten so kostbare Beute, dass man wohl glauben durfte, nach Recht und Gerechtigkeit haben die Franken den Hunen das geraubt, was diese früher andern Völkern ungerechter Weise geraubt hatten[40]. Von fränkischen Großen fanden in diesem Krieg nur zwei
ihren Tod, Herzog Erich nämlich von Friaul, der in Thar- 799
satika[41], einer in Liburnia gelegenen Seestadt, durch die Hinterlist der Bewohner umkam, und Gerold[42], der Landeshauptmann von Bayern, der in Pannonien, während er die Schlacht gegen die Hunen ordnete, man weiß nicht von wem, mit zwei andern getötet wurde die ihn begleiteten, als er auf und ab ritt und die einzelnen anfeuerte. Im übrigen war dieser Krieg für die Franken fast ganz unblutig und nahm ein überaus günstiges Ende, wiewohl er sich ob seiner Bedeutsamkeit längere Zeit hinzog.

Nach ihm wurde auch der sächsische Krieg zu einem 804
seiner Länge entsprechenden Ende geführt. Der böhmi-

40 Dieser plötzliche große Zufluss edeln Metalls hatte zur Folge, dass das Silber fast um ein Drittel im Werte sank.

41 Terfato in der Nähe von Fiume.

42 Der Bruder von Karls Gemahlin Hildegard.

sche und linonische[43], die nachher entstanden, konnten nicht lange währen; beide wurden unter Anführung des jüngeren Karl schnell beendet.

14. Der letzte Krieg ward gegen die Nordmannen un-
ternommen, die Dänen genannt werden, und zuerst See-
räuberei trieben, dann mit einer größeren Flotte die Küste
Galliens und Deutschlands verwüsteten. Ihr König Godofrid
war von so eitler Hoffnung aufgeblasen, dass er sich auf die
Herrschaft über ganz Deutschland Rechnung machte; auch
808 Friesland und Sachsen sah er nicht anders als wie seine Pro-
vinzen an; die ihm benachbarten Abodriten hatte er bereits
seiner Herrschaft unterworfen und sich zinsbar gemacht.
Er vermaß sich sogar, demnächst mit großer Heeresmacht
vor Aachen zu erscheinen, wo der König seinen Hof hielt.
Und so prahlerisch auch seine Sprache lautete, so wurde
ihr doch nicht aller Glaube versagt: vielmehr war man der
Ansicht, er würde in der Tat etwas der Art unternommen
haben, wenn ihn nicht ein früher Tod daran verhindert hät-
te. Er wurde nämlich von seinem eigenen Leibwächter er-
mordet, und seinem Leben wie dem von ihm begonnenen
810 Kriege ein schnelles Ziel gesetzt.

15. Dies; sind die Kriege, welche der großmächtige König während der sieben und vierzig Jahre[44], die er regierte, in verschiedenen Ländern mit der größten Einsicht und durchaus glücklich geführt hat. Er hat das Reich der Franken, das er von seinem Vater schon groß und mächtig überkommen hatte, so herrlich erweitert, dass sein Umfang fast verdoppelt ward. Denn während früher nichts weiter als der zwischen Rhein und Liger[45], zwischen dem Ocean und dem balearischen Meer gelegene Teil Galliens, und der Teil von Deutschland zwischen Sachsen und der Donau, dem Rhein

---

43 Die Linonen waren ein slavischer Stamm zwischen Elbe und Oder.

44 Diese Zeitbestimmung ist wieder nicht genau: Karl regierte vom 24.Sept. 768, wo sein Vater starb, bis zum 28. Januar 814, also bloß 45 Jahre und 4 Monate. Er wurde 33. Jahre seiner Regierung Kaiser und starb im 14. Jahre seines Kaisertums. Durch die Zusammenzählung dieser beiden Zahlen, die er für vollendet nahm, scheint Einhard zu seiner Angabe gekommen zu sein.

45 Loire.

und der Saale, welche die Grenze zwischen den Thüringern und den Soraben bildet, welcher von den sogenannten Ostfranken bewohnt wird, und außerdem nur noch die Alamannen und Bayern zum Frankenreich gehörten, unterwarf er durch die erwähnten Kriege zuerst Aquitanien, Waskonien, das ganze Pyrenäengebirge und das Land bis zum Ebro, der im Gebiet der Navarrer entspringt, die fruchtbarsten Gefilde Hispaniens durchfließt und unter den Mauern der Stadt Dertosa[46] ins balearische Meer mündet; hierauf ganz Italien, das sich von Augusta Prätoria[47] bis zum untern Kalabrien, wo bekanntlich die Grenze zwischen den Beneventanern und Griechen ist, in einer Länge von mehr als tausend Meilen[48] erstreckt, ferner Sachsen, das keinen kleinen Teil von Deutschland ausmacht und für doppelt so breit gilt als der von den Franken bewohnte, während es ihm in der Länge gleichkommen mag; sodann beide Pannonien, das auf der andern Donauseite gelegene Dacien, auch Istrien, Liburnien und Dalmatien, mit Ausnahme der Seestädte, die er aus Freundschaft und wegen des mit ihm geschlossenen Bündnisses dem Kaiser von Konstantinopel ließ; endlich machte er sich auch alle die barbarischen und milden Völkerschaften zinsbar, die zwischen Rhein und Weichsel[49], dem Meer und der Donau Deutschland bewohnen, so ziemlich einerlei Sprache reden, in Sitten und Kleidung aber sehr von einander verschieden sind. Die bedeutendsten darunter sind die Welataben, Soraben, Abodriten, Bömanen, und mit diesen hatte er Krieg zu führen, die übrigen weit zahlreicheren unterwarfen sich ihm freiwillig.

16. Er erhöhte den Ruhm seiner Herrschaft auch noch durch die freundschaftliche Verbindung mit mehreren Königen und Völkerschaften. Der König Hadefons[50] von Gallizien und Asturien war ihm so eng verbunden, dass er sich

46 Tortosa.

47 Aosta.

48 römischen. Er benutzte hier die Naturgeschichte des Plinius, III, 5, 6.

49 Visula. Noch im Jahre 1251 wird sie im Kulmer Stadtrecht Wizele und Wizzele genannt.

50 Alfons ll, der Keusche, regierte von 791 bis 843.

nicht anders als seinen Untergebenen Mann nennen ließ, so oft er Gesandte oder Briefe an ihn abschickte. Gleichermaßen beugte er durch herrliche Geschenke die Könige der Schotten[51] so sehr unter seinen Willen, dass sie ihn nie anders als ihren Herren und sich seine Untertanen und Knechte nannten. Es liegen noch Briefe von ihnen vor, in denen sich diese Gesinnung gegen ihn kundgibt. Mit dem König Aaron[52] von Persien, der mit Ausnahme Indiens fast das ganze Margenland beherrschte, stand er in so freundschaftlichem Einvernehmen, dass dieser seine Huld der Freundschaft aller Könige und Fürsten des ganzen Erdkreises Vorzug und ihn allein hoch ehren und beschenken zu müssen glaubte; und als nun seine (Karls) Gesandten, die er mit Gaben zu dem heiligen Grabe unsers Herrn und Heilandes und dem Orte seiner Auferstehung geschickt hatte, auch zu Aaron kamen und ihm den Wunsch ihres Herrn eröffneten, so bewilligte er ihnen nicht bloß was von ihm begehrt wurde, sondern auch, dass jene heilige und heilbringende Stätte unter seine Gewalt komme[53]. Und wie die Gesandten heimkehrten, so gesellte er ihnen einen eigenen bei und überschickte dem König neben Kleidern und Wohlgerüchen und andern Kostbarkeiten des Morgenlands noch ungemein reiche Geschenke, nachdem er wenige Jahre vorher ihm auf seine Bitte den einzigen Elefanten, den er damals besaß, geschickt hatte. Auch die konstantinopolitanischen Kaiser Niciforus, Michael und Lea bewarben sich von freien Stücken und Freundschaft und Bündnis; mit ihm und schickten mehrfach Gesandtschaften an ihn ab. Nachdem er jedoch den Kaisertitel angenommen und dadurch bei ihnen die Besorgnis erregt hatte, er wolle ihnen das Reich entreißen, schloss er einen festen Bund mit ihnen ab, so dass nicht der geringste

51 D. h. Irländer, welche in dieser Zeit immer Schotten genannt wurden. W.

52 Harun al Raschid, der fünfte Kalif aus dem Hause der Abassiden, regierte von 786 bis 809.

53 An diese Stelle knüpfte sich die Sage von Karls Kreuzzuge nach Palästina.

Anlass zu einem Zerwürfnis zwischen beiden Teilen übrig blieb. Immer nämlich war den Römern und Griechen die Macht der Franken verdächtig, woher denn auch jenes griechische Sprichwort kommt: „Den Franken habe zum Freund, aber nicht zum Nachbar".[54]

17. So groß sieh nun auch Karl in Erweiterung des Reichs und Unterwerfung fremder Völker bewies und wiewohl seine Tätigkeit beständig davon in Anspruch genommen war, so unternahm er daneben doch noch an verschiedenen Orten sehr viele Bauten zum Schmuck und Nutzen des Reichs und vollendete auch manche. Als die vorzüglichsten unter ihnen dürfen mir Recht angesehen werden die mit der größten Kunst erbaute Kirche der heiligen Mutter Gottes zu Aachen und die fünfhundert Schritte lange Rheinbrücke zu Mainz, denn das ist dort die Breite des Flusses. Ein Jahr jedoch vor Karls Ableben brannte die Brücke ab und konnte ob dieses schnellen Todesfalls nicht wieder hergestellt werden, wiewohl es in seinem Plane lag, statt einer hölzernen eine steinerne auszuführen. Auch herrliche Paläste erbaute er, einen nicht weit von der Stadt Mainz bei dem Hofgut Ingilenheim[55], einen zweiten zu Neumagen am Flusse Waal, der die Insel der Bataber auf der Mittagseite bespült. Hauptsächlich jedoch befahl er, wo in seinem gan-

54 Einhard aus dem Griechischen.

55 Nach der Beschreibung, die Ermold Rigellus im vierten Buch seines dem Kaiser Ludwig gewidmeten Gedichts (Vers 179—282) von Ingelheim macht, waren Kirche und Palast daselbst mit vielen Malereien geschmückt. In jener war die ganze biblische Geschichte alten und neuen Testaments von Adam und Eva bis zu Christi Himmelfahrt dargestellt. Der Inhalt der im Palast ausgeführten Wandgemälde bezog sich auf die weltliche Geschichte: Ninus, Cyrus und Alexander, den Tyrann Phalaris, Nomulus und Remus, Hannibal und den weiteren Verlauf der römischen Geschichte sah man auf der einen Seite dargestellt; auf der andern hab die neue Zeit an, Konstantin und Theodosius als Vertreter der christlichen Kaiser, an die sich dann die Geschichte der Franken reihte, Karl der Hammer, König Pippin, der die Aquitanier unterjocht, endlich „zeigt der weise Karl seine offenen Gesichtszüge, auf dem Haupte die Krone; ihm gegenüber steht die sächsische Schaar und versucht sich im Streit, er aber schlägt und bändigt sie und unterwirft sie den Gesetzen." — Kaiser Friedrich I ließ die beiden Paläste zu Ingelheim und Neumagen wiederherstellen.

zen Reiche er von verfallenen Gotteshäusern hörte, den Bischöfen und Äbten, denen ihre Unterhaltung oblag, sie wieder herzustellen[56] und ließ durch seine Sendboten die Ausführung seiner Befehle überwachen. Auch eine Flotte rüstete er aus zum Krieg gegen die Nordmannen und ließ zu dem Ende an den gallischen und deutschen Flüssen, die in die Nordsee münden, Schiffe erbauen; und weil die Nordammen die deutsche und gallische Küste unaufhörlich mit Raubzügen heimsuchten, so legte er in alle Hafen und Flussmündungen, wo geeignete Ankerplätze zu sein schienen, kleine Geschwader und Wachtposten und hielt durch solche Vorkehrungen den Feind von der Landung ab. Dieselben Anstalten traf er auch im Süden an der Küste der Narbonensischen Provinz und Septimaniens, ebenso an der ganzen Küste Italiens bis nach Rom gegen die Mauren, die sich in neuerer Zeit auf Seeraub legten. Und so wurde zu seinen Lebzeiten weder Italien durch die Mauren, noch Gallien und Deutschland durch die Nordmannen von schwerem Schaden betroffen, ausgenommen dass Centumcellä[57], eine etrurische Stadt durch Berrath von den Mauren erobert und geplündert und einige friesische der deutschen Küste naheliegende Inseln von den Nordmannen verwüstet wurden.

18. Das er als Hüter, Mehrer und zugleich als Ordner des Reichs ein solcher Mann gewesen, ist bekannt. Und wohl mag man seine Geistesgaben und seine ungemeine, in jeder Lage des Lebens, in Glück und Unglück gleiche Standhaftig-

56 Von Karls Sorge für die Erhaltung der alten Bauwerke geben mehrere seiner Reichsgesetze Zeugnis. Auf dem Frankfurter Reichstag im Frühjahre 754 verordnete er, dass die Kirchengebäude von denen hergestellt und in Stand erhalten werden müssten, welche Leben von der Kirche haben. Auf der Versammlung zu Salz im Sommer 803 ward es den Bischöfen eingeschärft, die Erbauung und Erhaltung der Gotteshäuser in ihrem Sprengel zu beaufsichtigen. In dem 807 zu Aachen erlassenen Kapitular werden die Sendboten angewiesen, darüber zu wachen, dass nicht kaiserliche oder andere Lehnleute die Gebäude, Die sie zu Leben besitzen, verfallen lassen, und dabei namentlich auch auf die Dächer, Wände, Malereien u. f. w. der Kirchen ihr Augenmerk zu richten. Eine ähnliche Verordnung erließ er noch im Jahr 813 aus Aachen.

57 Civitavecchia.

keit bewundern. Das übrige, was sich auf sein inneres und häusliches Leben bezieht, das will ich jetzt besprechen. Als er nach seines Vaters Tode mit seinem Bruder das Reich geteilt hatte, ertrug er dessen Hass und Neid mit solcher Geduld, dass es allen bewundernswert erschien, wie er sich von ihm nicht einmal zum Zorn aufreizen ließ. Die Tochter des Langobardenkönigs Desiderius, die er dann auf seiner Mutter Betrieb geheiratet hatte[58], verstieß er wieder, man weiß nicht aus welcher Ursache, nach einem Jahre, und vermählte sich mit der Hildigard, einer Frau von erlauchtem Geschlecht aus den Volk der Schwaben[59]; diese gebar ihm drei Söhne, den Karl, den Pippin[60] und den Hludoich[61] und ebenso viele Töchter, die Hruodtrud, Berhta und Gisla. Auch noch drei andere Töchter hatte er, die Theoderada, Hiltrud und Hruodhaid, zwei von seiner Gemahlin Fastrada, die vom Volke der Ost- oder deutschen Franken war[62], die dritte von einem Kebsweib, deren Kaiser Karls Leben. Name nur meinem Gedächtniss entfallen ist. Nach dem Tode der Fastrada heiratete er die Liutgard, eine Alaman-

58 Der Name dieser ersten Gemahlin Karls ist ungewiss: Radbert, der durchaus glaubwürdige Lebensbeschreiber des Abts Adalhard, nennt sie Defiderata, aber es liegt nahe, dies Wort nicht als einen Namen zu nehmen, sondern es klein zu schreiben und zu übersehen „die von ihm selbst gewünschte Tochter des Königs Desiderius". Deshalb mag die Angabe des in der zweiten Hälfte des neunten Jahrhunderts lebenden Andreas von Bergamo den Vorzug verdienen, der sie Berterad nennt. Ganz haltlos und auch nicht durch die geringste Quellenangabe gestützt ist die Vermutung Ludens, dass Karls Gemahlin keine andere als die mit dem Herzog Arichis von Benevent vermählte Tochter des Desiderius Adalperga gewesen sei, die somit erst nach dem Jahre 77I in die zweite Ehe getreten sein könnte, während ihr Sahn Romuald doch bei seinem Tod im Juli 787 schon fünfundzwanzig Jahre alt war.

59 Sie zählte den Alamannenherzog Godafrid unter ihre Ahnen und starb am 30. April 783.

60 Pippin hieß Anfangs Karlomann und erhielt den Namen Pippin erst von Hadrian bei seiner Taufe und Salbung zum König von Italien am 12. April 781.

61 Ludwig hatte noch einen Zwillingsbruder Lothar, der aber schon im zweiten Jahre starb.

62 Starb 794.

nin[63], von der er keine Nachkommenschaft bekam. Nach deren Tode hatte er vier Kebsweiber, die Madelgard, von der er eine Tochter Namens Ruothild hatte[64], die Gersuinda von sächsischem Geschlecht, die ihm eine Tochter mit Namen Adaltrud, die Regina, die ihm den Drogo[65] und Hug[66] gebar, und die Adallinde, mit der er den Theoderich[67] erzeugte. Seine Mutter Berthrada wurde bei ihm in hohen Ehren alt. Denn er bewies ihr die größte Ehrfurcht, so dass nie der geringste Zwist zwischen ihnen ausbrach, außer bei seiner Scheidung von der Tochter des Königs Desiderius, die er auf ihren Rat geheiratet hatte. Sie verstarb endlich nach dem Tode der Hildigard, nachdem sie schon drei Enkel und ebenso viele Enkelinnen in ihres Sohnes Hause gesehen hatte; er ließ sie in der Kirche des heiligen Dionysius, derselben, in der auch sein Vater liegt, mit großen Ehren bestatten. Eine einzige Schwester Namens Gisela[68] hatte er, die sich schon in ihren Mädchenjahren ganz dem Dienst der Religion hingab, er bewies ihr dieselbe große Liebe wie seiner Mutter; wenige Jahre vor seinem Tode starb auch sie in demselben Kloster[69], in dem sie gelebt hatte.

19. Die Erziehung seiner Kinder richtete er so ein, dass Söhne wie Töchter zuerst in den Wissenschaften unterrichtet wurden, auf deren Erlernung auch er selbst seinen Fleiß verwandte. Dann mussten die Söhne, sobald es nur das Alter erlaubte, nach der Sitte der Franken reiten, sich in den Waffen und aus der Jagd üben, die Töchter aber sich mit Wollenarbeit abgeben und mit Spinnrocken und Spindel beschäftigt[70], damit sie sich nicht an Müßiggang

---

63 Starb 800.

64 Sie starb am 24. März 852 als Äbtissin des Klosters Fara. A. Dieser Satz steht nur in einer Handschriftenklasse, und in den übrigen ist die Zahl der Kebsweiber auf drei beschränkt, die Tatsache aber ist richtig. W.

65 Wurde Bishof von Metz und Erzkaplan; starb 855.

66 Abt von St. Quentin; fiel bei Angouleme im Jahre 844.

67 Wurde 819 gleichfalls zum Mönch geschoren.

68 Geboren 751.

69 Tala, Chelles bei Paris.

70 Karls Mutter Bertha führt in der Sage den Beinamen der Spinnerin.

gewöhnten, und er ließ sie anleiten zu jeder guten Zucht. Von allen seinen Kindern verlor er nur zwei Söhne und eine Tochter, bevor er starb, Karl seinen Ältesten[71] und Pippin[72], den er zum König von Italien gemacht hatte, und die Hruodtrud[73], seine erstgeborene Tochter, die mit dem griechischen Kaiser Konstantin verlobt war. Pippin hinterließ einen Sohn Bernhard und fünf Töchter, Adalhaid, Atula, Gundrada, Berthaid und Theoderada. An diesen bewies der König recht deutlich seinen liebevollen Sinn, indem er nach des Sohnes Tod den Enkel zum Nachfolger seines Sohnes machte und die Enkelinnen mit seinen eigenen Töchtern auferziehen ließ. Den Tod seiner Söhne und seiner Tochter trug er mit weniger Fassung als der hohe Sinn, der ihm eigen war, erwarten ließ, und die herzliche Liebe, die ihn nicht minder auszeichnete, pressten ihm Tränen aus. Auch bei der Nachricht von des römischen Papste; Adrians Tod, der hoch in seiner Freundschaft stand, weinte er so, als hätte er seinen Bruder oder den teuersten Sohn verloren. Denn er hatte ein für Freundschaft äußerst empfängliches Genmut, leicht war er ihr zugänglich, unverbrüchlich hielt er sie fest und bewies gegen alle diejenigen heilige Treue, zu denen er in solch' ein Verhältnis getreten war. Um die Erziehung seiner Söhne und Töchter war er so besorgt, dass er zu Hause niemals ohne sie speiste, nie ohne sie eine Reise machte: seine Söhne ritten ihm zur Seite, seine Töchter aber folgten ihm im hintersten Zuge und eine Schaar von Leibwächter war zu ihrer Beschützung bestellt. Da sie ungemein schön waren und von ihm aufs zärtlichste geliebt wurden, so ist es sehr zu verwundern, dass er keine von ihnen einem seiner Mannen oder einem Freunde zum Weibe geben wollte; aber er sagte, er könne ohne ihre Gesellschaft nicht leben und behielt alle bis zu seinem Tode bei sich im Hause. Darob musste er, sonst so glücklich, die Tücke des Schicksals erfahren; er ging je-

71 Starb am 4. Dez. 811.

72 Starb am 7. Juli 810.

73 Starb 810.

doch so über die Sache hinweg, als wäre nie der geringste Verdacht ob eines Fehltritts gegen sie entstanden, oder ein Gerücht darüber laut geworden[74].

20. Er hatte von einem Kebsweib[75] einen Sohn mit Namen Pippin, dessen ich unter den andern Erwähnung zu tun unterlassen habe, schön von Angesicht aber durch einen Höcker verunstaltet. Der stellte sich, während sein Vater mit dem Krieg gegen die Hunen beschäftigt in Bayern den Winter zubrachte, krank und verschwor sich mit einigen fränkischen Großen, die ihn durch eitle Hoffnungen auf das Königtum verführt hatten, gegen seinen Vater. Der böse Anschlag ward entdeckt, die Verschworenen bestraft, den Pippin ließ Karl scheren und nach seinem Willen im Kloster Prüm[76] ein gottgeweihtes Leben führen. Schon früher war gegen ihn noch eine andere gefährliche Verschwörung[77] in Deutschland angestiftet worden, deren Urheber teilweise geblendet, teilweise am Leib nicht geschädigt, aber alle verbannt wurden; keiner von ihnen kam ums Leben, drei ausgenommen, die um nicht ergriffen zu werden, das Schwert zogen, einige sogar dabei töteten und, weil sie auf keine andere Weise zu bewältigen waren, niedergemacht wurden. Diese Verschwörungen hatten jedoch, wie man glaubt, ihren Grund und Ursprung in der Grausamkeit der Königin Fastrada, und dar-

---

74 Das an Karls Hofe ein sehr freier Ton herrschte, geht aus verschiedenen Zeugnissen deutlich genug hervor. Schon wenige Jahre nach seinem Tode wurde die Vision des Mönchs Wettin bekannt, der den Kaiser im Fegefeuer sah, wie er zur Strafe für seine Ausschweifungen gepeinigt ward. Was hier Einhard über den Lebenswandel von Karls Töchtern zart andeutet, findet seine Erläuterung durch das in dem Anhang gesagte.

75 Nach Paulus Diakonus und den Lorscher Annalen hieß sie Himiltrud, war aber nach Papst Stephan III Karls rechtmäßiger Gemahlin: in dem Briefe nämlich vom Jahre 770, in dem er Karl und Karlmann von einer Verbindung mit Desiderias Tochter abmahnt. Geschichtschr. VIII Jahrh. 4, S. 224 schreibt er: „Ihr seid beide nach Gottes Willen und Ratschlag und nach der Vorschrift Eures Vaters in recht- mäßiger Ehe mit schönen Gemahlinnen aus einheimischen, fränkischen Geschlecht vermählt, denen Ihr in Liebe zugetan sein müsst." Auch wird in Litaneien, die nach Karls Vermählung mit der Fastrada verfasst sind, Pippin noch vor den Söhnen der Hildegard genannt.

76 Nördlich von Trier.

77 Die Verschwörung des Hardrad in Jahre 786.

um verschwor man sich beide Male gegen den König, weil er, dem grausamen Sinn seiner Gemahlin zustimmend, von seiner angeborenen Güte und seiner gewöhnlichen Milde in furchtbarer Weise abgewichen zu sein schien. Im übrigen genoß er während seines ganzen Lebens im Inlande und Auslande der höchsten und allgemeinsten Liebe und Zuneigung, so dass gegen ihn niemals auch nur der geringste Vorwurf wegen ungerechter Härte von jemanden erhoben wurde.

21. Er liebte die Fremden und nahm sich ihrer mit der größten Sorge an, so dass nicht mit Unrecht ihre große Auzahl nicht bloß für den Palast, sondern das ganze Reich eine wahre Last zu sein schien. Er selbst jedoch ließ sich in seiner Hochherzigkeit derlei Bedenken wenig anfechten und wog vielmehr die bedeutendsten Nachteile mit dem Ruhm der Freigebigkeit und dem Lohn eines guten Namens aus.

22. Er war von breitem und kräftigem Körperbau, hervorragender Größe[78], die jedoch das richtige Maß nicht überschritt — denn seine Länge betrug sieben seiner Füße — der obere Teil seines Kopfes war rund, seine Augen sehr groß und lebendig, die Nase ging etwas über das Mittelmaß, er hatte schöne weiße Haare und ein freundliches, heiteres Gesicht. So bot seine Gestalt, mochte er sitzen oder stehen, eine höchst würdige und stattliche Erscheinung, wiewohl sein Nacken dick und zu kurz, sein Bauch etwas hervortretend scheinen konnte: das Ebenmaß der andern Glieder verdeckte das. Er hatte einen festen Gang, eine durchaus männliche Haltung des Körpers und eine helle Stimme, die jedoch zu der ganzen Gestalt nicht recht passen wollte; seine Gesundheit war gut, außer dass er in den vier Jahren vor seinem Tode häufig von Fiebern ergriffen wurde und zuletzt auch mit einem Fuße hinkte. Aber auch damals folgte er mehr seinem eigenen Gutdünken, als dem Rat der Ärzte, die ihm beinahe verhasst waren, weil sie ihm rieten, dem Braten, den er zu speisen pflegte, zu entsagen und sich an gesottenes Fleisch zu halten. Beständig übte er sich im Reiten und Jagen, wie es die Sitte seines Volks war: denn

78 Angilbert jagt in seinem Gedichte: „Über alle ragt König Karl hervor mit seinen hohen Schulter."

man wird nicht leicht auf Erden ein Volk finden, das sich in dieser Kunst mit den Franken messen könnte. Sehr angenehm waren ihm auch die Dünste der warmen Quellen; er übte seinen Leib fleißig im Schwimmen und verstand das so trefflich, dass es ihm keiner darin zuvor tat. Darum erbaute er sich auch zu Aachen ein Schloss und wohnte in seinen letzten Lebensjahren bis zu seinem Tode beständig darin. Und nicht bloß seine Söhne, sondern auch die Vornehmen und seine Freunde, nicht selten auch die ganze Schnur seines Gefolges und seiner Leibwächter lud er zum Bade, so dass bisweilen hundert Menschen und darüber zusammen badeten.

23. Er kleidete sich nach vaterländischer, nämlich fränkischer Weise. Auf dem Leib trug er ein leinenes Hemd und leinene Unterhosen, darüber ein Wamms, das mit seidenen Streifen verbrämt war, und Hosen; sodann bedeckte er die Beine mit Binden und die Füße mit Schuhen, und schützte mit einem ans Fischotter- und Zobelpelz verfertigten Rock im Winter Schultern und Brust; endlich trug er einen blauen Mantel und beständig das Schwert an der Seite, dessen Griff und Gehenk non Gold oder Silber war. Bisweilen trug er auch ein mit Edelsteinen verziertes Schwert, dies jedoch nur bei besonderen Festlichkeiten oder wenn die Gesandten fremder Völker vor ihm erschienen. Ausländische Kleidung jedoch wies er zurück, mochte sie auch noch so schön sein, und ließ sie sich niemals anlegen, nur zu Rom kleidete er sich einmal nach dem Wunsch des Papstes Adrian und ein zweites Mal auf die Bitte von dessen Nachfolger Leo in die lange Tunika und Chlamns und zog auch römische Schuhe an. Bei festlichen Gelegenheiten schritt er in einem mit Gold durchwirkten Kleide und mit Edelsteinen besetzten Schuhen, den Mantel durch eine goldene Spange zusammengehalten, auf dem Haupte ein aus Gold und Edelsteinen verfertigtes Diadem einher; an andern Tagen unterschied sich seine Kleidung wenig von der gemeinen Volkstracht.

24. In Speise und Trank war er mäßig, mäßiger jedoch noch im Trank, denn die Trunkenheit verabscheute er an jedem Menschen aufs äußerste, geschweige denn an sich und

den seinigen. Im Essen jedoch konnte er nicht so enthaltsam sein, vielmehr klagte er häufig, dass das Fasten seinem Körper schade. Höchst selten gab er Gastereien und nur bei besonderen festlichen Gelegenheiten, dann jedoch in zahlreicher Gesellschaft. Auf seine gewöhnliche Tafel ließ er nur vier Gerichte austragen außer dem Braten, den ihm die Jäger am Bratspieß zu bringen pflegten und der ihm lieber war als jede andere Speise. Während der Tafel hörte er gerne Musik oder einen Vorleser. Er ließ sich die Geschichten und Taten der Alten vorlesen; auch an den Büchern des heiligen Augustinus hatte er Freude, besonders an denen, die „vom Staate Gottes" betitelt sind. Im Genuss des Weins und jeglichen Getränks war er so mäßig, dass er über Tisch selten mehr als dreimal trank. Im Sommer nahm er nach dem Mittagessen etwas Obst zu sich und trank einmal, dann legte er Kleider und Schuhe ab, wie er es bei Nacht tat, und ruhte zwei bis drei Stunden. Nachts unterbrach er den Schlaf vier- oder fünfmal, indem er nicht bloß aufwachte, sondern auch aufstand. Während er sich ankleidete, ließ er nicht allein seine Freunde vor, sondern wenn der Pfalzgraf von einem Rechtsstreite sprach, der nicht ohne seinen Ausspruch entschieden werden könne, so hieß er die streitenden Parteien sofort hereinführen und sprach nach Untersuchung des Falls das Urteil, als säße er auf dem Richterstuhl; und das war nicht das einzige, sondern was es für diesen Tag von Geschäften zu tun und seinen Beamten aufzutragen gab, das besorgte er zu dieser Stunde.

25. Reich und sicher floss ihm die Rede vom Munde, und was er wollte, konnte er leicht und klar ausdrücken. Es genügte ihm jedoch nicht an seiner Muttersprache, sondern er verwendete auch auf die Erlernung fremder großen Fleiß: im lateinischen brachte er es so weit, dass er es wie deutsch sprach, das griechische aber konnte er besser verstehen, als selber sprechen. Dabei war er so beredt, dass er fast geschwätzig erscheinen konnte. Die edeln Wissenschaften pflegte er mit großer Liebe, die Meister in denselben schätzte er ungemein und erwies ihnen hohe Ehren. In der Grammatik nahm er Unterricht bei dem Diakonus Petrus von Pisa,

einem hochbejahrten Mann, in den übrigen Wissenschaften ließ er sich von dem Diakonus Albinus, mit dem Beinamen Alkoin, unterweisen, einem in allen Fächern gelehrten Mann, der von sächsischem Geschlechte war und aus Brittannien stammten[79]. In dessen Gesellschaft wandte er viel Zeit und Mühe ans, um sich in der Rhetorik, Dialektik, vorzüglich aber in der Astronomie zu unterrichten. Er erlernte die Kunst zu rechnen und erforschte mit emsigen Fleiß und großer Wissbegierde den Lauf der Gestirne. Auch zu schreiben versuchte er und pflegte deswegen Tafel und Büchlein im Bett unter dem Kopfkissen mit sich umherzuführen, um in müßigen Stunden seine Hand an die Gestaltung von Buchstaben zu gewöhnen. Indes brachte er es hierin mit seinen Bemühungen nicht weit, da er es zu spät angefangen hatte.

26. Der christlichen Religion, zu der er von Jugend auf angeleitet worden, war er mit Ehrfurcht und frommer Liebe zugetan. Darum erbaute er auch das herrliche Gotteshaus zu Aachen und schmückte es mit Gold und Silber, und mit Leuchtern und mit ehernen Gittern und Thüren. Da er die Säulen und den Marmor für die Kirche anderswoher nicht bekommen konnte, ließ er sie aus Rom und Ravenna herbeischaffen. Morgens und Abends, auch bei den nächtlichen Horen und zur Zeit der Messe besuchte er fleißig die Kirche, wenn es ihm sein Befinden erlaubte; und er ließ es sich sehr angelegen sein, dass alle gottesdienstlichen Verrichtungen mit möglichst großer Würde begangen würden, und gar häufig ermahnte er die Küster, dass sie nichts schmutziges oder ungebührliches in die Kirche bringen oder darin bleiben ließen. Die heiligen Gefäße ließ er aus Gold und Silber anfertigen und sie sowie die priesterlichen Gewänder in so großer Anzahl anschaffen, dass nicht einmal die Türsteher, die doch den untersten kirchlichen Grad bilden, beim Gottesdienst in ihrer gewöhnlichen Kleidung zu erscheinen brauchten. Auf die Verbesserung des Lesens und Singens in der Kirche wandte er große Sorgfalt. Denn in beiden Dingen war

79 Er starb am 19. Mai 804.

er sehr unterrichtet, wenn er auch selbst nicht öffentlich las und nur leise und im Chor sang.

27. In der Pflege der Armen und ihrer Unterstützung durch Almosen bewies er viel frommen Eifer, und das nicht bloß in seinem Land und Reich, sondern auch weit übers Meer pflegte er Geld zu schicken nach Syrien, Ägypten und Afrika, nach Jerusalem, Alexandria und Karthago, wenn er hörte, dass Christen daselbst in Dürftigkeit leben, und sprang ihnen so in ihrer Not bei. Deswegen vornehmlich bewarb er sich auch um die Freundschaft der Könige jenseits des Meeres, damit er den unter ihrer Herrschaft lebenden Christen Erleichterung und Hülfe zufließen lassen könnte. Vor allen andern heiligen Stätten ehrte er die Kirche des heiligen Apostels Petrus zu Rom, deren Schatz er mit viel Gold, Silber und Edelsteinen bereicherte. Den Päpsten machte er viele und reiche Geschenke und nichts lag ihm während seiner ganzen Regierung so sehr am Herzen, als dass die Stadt Rom durch seinen Eifer und Beistand wieder zu ihrem alten Ansehen gelange und die Kirche des heiligen Petrus dadurch nicht allein in sicherem Schutz und Schirm, sondern auch vor allen andern Kirchen reich und mächtig sei. So hoch er sie aber auch ehrte, so kam er während der sieben und vierzig Jahre seiner Regierung doch nur viermal nach Rom, um daselbst seine Andacht zu verrichten.

28. Seine letzte Reise hatte nicht darin allein seinen Grund, sondern sie wurde auch dadurch veranlasst, dass Papst Leo durch die vielen Misshandlungen, die er von Seiten der Römer erlitten hatte, indem sie ihm nämlich Augen und Zunge ausrissen, sich genötigt sah, den König um Schutz anzuflehen. Er kam also nach Rom und verweilte da selbst den ganzen Winter, um die Kirche aus der überaus großen Zerrüttung, in die sie verfallen war, zu reißen. Damals war es, dass er den Namen Kaiser und Augustus empfing, der ihm im Anfang so zuwider war, dass er versicherte, er würde an jenem Tage, obgleich es ein hohes Fest war, die Kirche nicht betreten haben, wenn er des Papstes Absicht hätte vorherwissen können. Die oströmischen Kaiser nah-

men es äußerst übel aus, dass er den Kaisertitel angenommen, er trug aber ihren Hass mit großer Gelassenheit und wusste mit dem hohen Sinn, in dem er ohne alle Frage weit über ihnen stand, ihren Trotz zu besiegen, indem er häufig durch Gesandtschaften mit ihnen verkehrte und sie in seinen Briefen als Brüder anredete.

29. Da er sah, wie viel mangelhaftes in den Gesetzen seines Volkes sei, — die Franken haben nämlich zwei Rechte[80], die in manchen Stücken sehr von einander abweichen— so nahm er sich nach der Annahme des Kaisertitels vor, das fehlende zu ergänzen, das abweichende in Übereinstimmung zu bringen und das verkehrte und untaugliche zu verbessern; indes er kam damit nicht weiter, als dass er wenige Zusätze, und auch diese nicht ganz fertig, zu den Rechtsbüchern machte. Wo das Recht eines der von ihm beherrschten Volksstämme noch nicht geschrieben war, da ließ er es zusammenstellen und schriftlich auszeichnen[81]. Ebenso ließ er die uralten deutschen Lieder, in denen die Taten und Kriege der alten Könige besungen wurden, ausschreiben, damit sie unvergessen blieben. Auch eine Grammatik seiner Muttersprache begann er abzufassen. Ferner gab er den Monaten, für welche bei den Franken bis dahin teils lateinische teils deutsche Namen im Gebrauch gewesen waren, Benennungen aus seiner eigenen Sprache. Ebenso gab er den zwölf Winden deutsche Namen, während man vorher kaum für vier Winde besondere Benennungen hatte. Und zwar nannte er von den Monaten den Januar Wintarmanoth, den Februar Hornung[82], den März Lentzinmanoth, den April Ostarmanoth, den Mai Winnemanoth, den Juni Brachmanoth, den Juli Heuvimanoth, den August Aranmanoth, den September Witumanoth[83], den Oktober Windunlemanoth[84], den November Herbist-

80 Das salische und das ribuarische.

81 Dies geschah bei den Volksrechten der Sachsen, Thüringer und Friesen.

82 Von hor Koth.

83 Monat wo Holz gefällt wird; von witu Holz.

84 Der Monat der Weinlese, von windemôn, latein. vindemiare.

manoth, den December Heilagmanoth. Den Winden aber gab er folgende Namen: den Ostwind(Subsolanus) nannte er Ostronowint, den Südostwind(Eurus) Ostsundroni, den Süd- südostwind (Euroauster) Sundostroni, den Südwind (Auster) Sundroni, den Südsüdwestroind (Austroafrikus) Sundnlestroni, den Südwestwind (Afrikus) Westsundroni, den Westwind (Zephhr) Wesironi, den Nordwestwind (Chorus) Westnordroni, den Nord- nordwestwind (Eircius) Nordwestroni, den Nordwind (Septemtrio) Nordroni, den Nordostwind (Aquilo) Nordosironi, den Ostnordostwind (Vulturnns) Ostnordroni.

30. Gegen das Ende seines Lebens, als er schon sehr gebeugt war durch Alter und Krankheit, berief er seinen Sohn Hludoich, den König von Aquitanien, der von den Söhnen der Hildigard noch allein am Leben war, zu sich und erklärte ihn in feierlicher Versammlung der Großen aus dem ganzen Frankenreich mit aller Beistimmung zum Mitregenten im ganzen Reich und zum Erben des kaiserlichen Namens, setzte ihm das Diadem auf das Haupt und befahl, ihn Kaiser und Augustus zu nennen. Es wurde dies von allen Anwesenden mit großem Beifall aufgenommen; schien es doch, als wäre ihm dieser Gedanke zum Besten des Reichs vom Himmel eingegeben worden. Die Majestät wurde dadurch gehoben und den fremden Völkern keine geringe Furcht eingeflößt. Nachdem er hierauf seinen Sohn nach Aquitanien wieder entlassen hatte, zog er, wie es seine Gewohnheit war, obgleich schon sehr entkräftet vom Alter, nicht weit von Aachen auf die Jagd. Damit brachte er den Rest des Herbstes hin und kehrte dann um den Anfang des November nach Aachen zurück. Hier wollte er den Winter über verweilen; aber im Januar musste er sich, von einem heftigen Fieber ergriffen, zu Bette legen. Er enthielt sich sogleich, wie er es beim Fieber immer tat, des Essens, in der Meinung durch Hungern die Krankheit bezwingen oder wenigstens lindern zu können; als aber zum Fieber noch Seitenschmerzen hinzutraten, welche die Griechen

Pleuresis[85] nennen, und er immer noch seine Hungerkur fortfetzte und seinen Leib nur durch spärliches Trinken stärkte, so starb er, nachdem er zuvor das heilige Abendmahl genossen hatte, am siebenten Tage der Krankheit, im zwei und siebzigsten Jahre seines Alters, im sieben und vierzigsten seiner Herrschaft, am 28. Januar in der dritten Stunde des Tages.

31. Sein Leichnam wurde feierlich gewaschen und besorgt und unter großen Klagen des gesammten Volkes nach der Kirche getragen und daselbst bestattet. Man war anfangs uneinig, wo man ihn beisetzen sollte, weil er selbst bei seinen Lebzeiten nichts darüber bestimmt hatte; zuletzt aber vereinigten sich alle dahin, nirgends könne er eine würdigere Grabstätte finden, als in der Kirche, die er selbst aus Liebe zu Gott und zu unserm Herrn Jesu Christo und zu Ehren der heiligen Jungfrau in Aachen auf eigene Kosten erbaut hatte. Hier wurde er nun beigesetzt an demselben Tage, wo er gestorben war, und über dem Grab ein vergoldeter Bogen mit seinem Bild und einer Inschrift errichtet. Die Inschrift lautete aber: Hier unten liegt der Leib Karls des großen und rechtgläubigen Kaisers, der das Reich der Franken herrlich vergrößert und sieben und vierzig Jahre hindurch glücklich regiert hat. Er starb ein Siebziger im Jahre des Herrn 814, in der siebenten Indiction, am 28. Januar.

32. Verschiedene Vorzeichen hatten auf das Herannahen seines Todes hingewiesen, so dass nicht bloß andere, sondern auch er selber ihn kommen fühlte. Ja den drei letzten Jahren seines Lebens gab es sehr viele Sonnen- und Mondfinsternisse und an der Sonne bemerkte man sieben Tage lang einen schwarzen Flecken[86]. Der Säulengang, den er zwischen der Kirche und dem Schloss mit großer Mühe hatte ausführen lassen, stürzte am Himmelfahrtstage plötzlich bis auf den Grund zusammen. Die Rheinbrücke bei Mainz, ein herrliches Werk, das er in einem Zeitraum von zehn Jahren mit unendlicher Mühe und wunderbarer

85 Gewöhnlich Pleuritis.

86 Vergl. die Annales zum Jahr 807, wo der Planet Merkur als die Ursache genannt ist

Kunst so fest ans Holz gebaut hatte, dass man glaubte, es müßte für die Ewigkeit stehen, wurde durch eine zufällig entstandene Feuersbrunst in drei Stunden so vollständig verzehrt, dass außer dem, was vom Wasser bedeckt war, kein Span übrig blieb. Er selbst sah aus dem letzten sächsischen Heereszug, den er gegen Godofrid[87] den Dänenkönig unternahm, eines Tags als er vor Sonnenaufgang das Lager verlassen und den Marsch angetreten hatte, mit einem Male eine Fackel vom Himmel herunterfallen und in hellen Glanze von der rechten auf die linke Seite durch die heitere Luft fliegen. Wie alle verwundert waren, was wohl dieses Zeichen zu bedeuten habe, stürzte plötzlich das Ross, das er ritt, und warf ihn, indem es den Kopf zwischen die Beine nahm, so heftig zur Erde, dass die Spange seines Mantels brach, sein Schwertgurt zerriss und er von der herzueilenden Dienerschaft ohne Waffen und ohne Mantel aufgehoben wurde. Der Wurfspieß, den er gerade in der Hand gehalten hatte, wurde dabei zwanzig oder noch mehr Fuß weit fortgeschleudert. Zu diesem Unfall kam noch eine häufige Erschütterung seines Palastes zu Aachen und ein beständiges Krachen des Gebälks in den Häusern, in welchen er sich aushielt. Auch wurde die Kirche, in der er nachmals begraben ward, vom Blitz getroffen und dabei der goldene Apfel, der die Spitze des Daches schmückte heruntergerissen und auf den Bischofshof neben der Kirche geschleudert. Auf dem Reif des Kranzes, der zwischen den oberen und unteren Bogen im Innern dieser Kirche herumging, war eine Inschrift in roter Farbe, die besagte, wer der Gründer des Gotteshauses sei, und in deren letzter Reihe die Worte standen: Karolus princeps (der Fürst Karl). In seinem Sterbejahr, wenige Monate vor seinem Tode, wurde, wie das etliche bemerkt haben, das Wort princeps ganz und gar verlöscht. Aber auf alle diese Vorzeichen gab er entweder nur scheinbar oder aus wirklicher Verachtung nichts, als ständen sie in gar keinem Bezug zu ihm.

33. Er hatte ein Testament angefangen, in dem er seinen Töchtern und den mit Kebsweibern gezeugten Kindern

87 Im Jahre 810.

ein Erbteil zuweisen wollte, aber es kam, da er es zu spät begonnen hatte, nicht mehr ganz zu Stande. Jedoch hatte er drei Jahre bevor er starb eine Verteilung seiner Schätze, des Geldes, der Kleider und des sonstigen Gerätes in Gegenwart seiner Freunde und Diener vorgenommen und diese dabei als Zeugen beigezogen, damit nach seinem Tode die Verteilung in der von ihm angeordneten Weise durch ihr Zeugnis; gültig bleibe. Er ließ hierauf seinen Willen in einer kurzen Urkunde aussetzen, deren Inhalt und Wortlaut folgender ist:

„Im Namen des Herrn, des allmächtigen Gottes, des Vaters, des Sohnes und des heiligen Geistes. Verzeichnis; und Verteilung, die gemacht worden ist von dem ruhmvollen und frommen Herrn Karl, dem erhabenen Kaiser, seit der Menschwerdung unseres Herrn Jesu Christi im 811., seiner Herrschaft in Franken im 43., in Italien im 36., des Kaisertums aber im 11. Jahre, in der 4. Indiction; die er mit frommer und kluger Überlegung zu machen beschlossen und mit Willen Gottes ausgeführt hat in Betreff seiner Schätze und alles Geldes, was sich an jenem Tage in seiner Schatz- kammer vorfand. Dabei hat er das hauptsächlich vorsehen wollen, dass nicht allein die Spendung von Almosen, wie sie bei Christen herkömmlich von ihrem Vermögen gemacht wird, auch für ihn von seinem Gelde in aller Form und Ordnung ausgeführt werde, sondern auch, dass seine Erben mit Beseitigung jeglichen Zweifels klar wissen sollten, was ihnen zukomme, und ohne Streit und Hader die Teilung vornehmen könnten. Ja dieser Absicht und zu diesem Zwecke hat er alles Hab und Gut, was sich in Gold, Silber, Edelsteinen und königlichem Schmuck an jenem Tage in seiner Schatzkammer vorfand, zuvorderst in drei Teile geteilt, dann diese Teile nochmals geteilt und dadurch aus jenen beiden ersten ein und zwanzig Teile gemacht, den dritten aber ganz gelassen. Und die Teilung der beiden ersten Teile in ein und zwanzig ist darum geschehen, damit, weil in seinem Reiche ein und zwanzig Metropolitanstädte sind, durch die Hand seiner Erben und Freunde ein Teil als fromme Schenkung jeder Metropole zukomme, der jeweilige Erzbischof in derselben aber den seiner Kirche zufallen- den Teil in Empfang nehme und mit seinen Suffraganen in der Weise teile, dass ein Drittel seiner Kirche verbleibt, zwei Drittel aber unter seine Suffraganen verteilt werden. Von diesen Teilen, die aus den beiden ersten Hauptteile gemacht sind und nach der Zahl der Metropolitanstädte ein und zwanzig betragen, liegt jeder von dem andern abgesondert an seinem eigenen Orte mit der Überschrift der Stadt, der er zufallen soll. Die Namen der Metropolen, an welche diese fromme Schenkung zu machen ist, sind folgende: Roma, Ravenna, Mediolanum[88], Forum Julii[89], Gradus[90], Colonia[91], Mogontiacus[92], Juoavum, das auch Salzburg heißt, Treveri[93], Senones[94], Vesontio[95], Lugdunun[96], Rotuniagus[97] , Remi[98], Arelas[99], Vienna, Darantasia[100], Ebrodunum[101], Burdigala[102], Turones[103], Bituriges[104]. Der eine Teil aber, welcher nach seinem Willen ungeteilt bleiben soll, hat die Bestimmung, dass, während jene zwei Teile in der angegebenen Weise verteilt und unter Siegel gelegt werden sollen, dieser dritte zum täglichen Gebrauch verwandt werde, als ein Gut, das durch kein Gelübde als vom Eigentümer veräußert angesehen werden soll, und zwar so lange als dieser in seinem Leibe wandelt oder die Benutzung desselben für sich in Anspruch nimmt. Nach seinem Tode aber oder seinem freiwilligen Rücktritt

88 Mailand .

89 Cividale del Friuli, Sitz des Patriarchen non Aquileja.

90 Grado, Hafenstadt von Aquileja auf einer Insel. Das durch Spaltung von Aquileja entstandene Patriarchat wurde lauter nach Venedig verlegt.

91 Köln.

92 Mainz.

93 Trier.

94 Sens.

95 Besancon.

96 Lyon.

97 Rouen.

98 Rheims.

99 Arles.

100 Moutiers en Tarantaise in Savonen.

101 Embrun in Dauphine.

102 Bordeaux.

103 Tours

104 Bourges.

aus dem weltlichen Leben soll dieser Teil vierfach geteilt, ein Teil davon jenen ein und zwanzig Teilen zugelegt werden; der zweite seinen Söhnen und Töchtern und den Söhnen und Töchtern seiner Söhne zufallen und von diesen gerecht und billig unter sich verteilt werden; der dritte Teil soll nach hergebrachter christlicher Sitte für die Armen ausgesetzt sein; der vierte in ähnlicher Weise als Almosen zur Verteilung unter die im Palast dienenden Knechte und Mägde kommen. Diesem dritten Haupt- teile, der gleich wie die übrigen in Gold und Silber besteht, sollen seinem Willen gemäß alle aus Erz, Eisen oder anderen Metallen gefertigten Gefäße und Gerätschaften samt Waffen, Kleidern und anderem kostbaren oder geringen, zu verschiedenen Gebrauch gemachten Hausgeräte beigelegt werden, wie Vorhänge, Decken, Teppiche, Filz- und Lederwerk, Mantelsäcke und was sich sonst an dem Tage in seiner Schatz- und Kleiderkammer vorfindet, auf dass dadurch die Teile der dritten Masse größer werden und desto mehr Arme in den Genuss des zum Almosen bestimmten Anteils kommen können. Er ordnete ferner an, dass seine Kapelle, das ist alles zur Abhaltung des Gottesdienstes erforderliche, sowohl das was er selbst gestiftet und zusammengebracht, als was er aus der väterlichen Erbschaft überkommen hatte, ganz beisammen bleibe und durch keine Teilung zerstreut werde. Sollte sich aber sonst etwas an Gefäßen oder Büchern oder anderem Kirchenschmuck finden, von dem es unzweifelhaft feststünde, dass er es nicht in die Kapelle geschenkt habe, das solle wer es haben wolle nach Bezahlung des richtigen Preises kaufen und besitzen können. In gleicher Weise verordnete er auch in Betreff der Bücher. deren er in seiner Bibliothek eine große Menge gesammelt hatte, dass sie von denen, die sie haben wollten, um den richtigen Preis gekauft werden könnten und der Erlös daraus den Armen zufallen sollte. Bei den übrigen Schätzen und Besitztümern be- fanden sich drei silberne Tische und ein goldener von ganz besonderer Größe und Schwere. Darüber beschloss und verordnete er, dass einer davon in viereckiger Form, auf dem der Plan der Stadt Konstantinopel gezeichnet steht, mit den übrigen dahin bestimmten Geschenken nach Rom in die Kirche des heiligen Apostels Petrus, der zweite runde, der mit einem Bild der Stadt Rom geschmückt ist, in die bischöfliche Kirche von Ravenna gebracht werde. Der dritte, welcher die andern sowohl an Schönheit der Arbeit als an Schwere des Gewichts weit übertrifft, aus drei Kreisen besteht und eine Beschreibung der ganzen Welt in genauer und feiner Zeichnung enthält[105], und jener goldene Tisch, welcher als der vierte aufgeführt ist, sollen, wie er angeordnet hat, seinen Erben und dem zu milden Schenkungen bestimmten Teil zufallen. Diese Bestimmung und Anordnung hat er vor den Bischöfen, Äbten und Grafen, welche zu der Zeit zugegen sein konnten und deren Namen hier beigeschrieben stehen, gemacht und getroffen:

Die Bischöfe: Hildebald[106], Richolf[107], Arn[108], Wolfar[109], Bernoin[110], Laidrad[111], Johannes[112], Theodolf,[113] Jesse[114], Heito[115], Waltgaud[116]. Die Äbte: Fredugis[117], Adalung[118], Engilbert[119], Irmino[120]. Die Grafen: Walach, Meginher, Otulf,

105 Thegan erzählt in feinem Leben Kaiser Ludwigs des Frommen, dieser habe aus der ganzen Erbschaft nur diesen einzigen Tisch, der dir Gestalt von drei mir einander verbundenen Schilden gehabt habe, ans Liebe zu seinem Vater behalten. Nach dem Bericht des Bischofs Prudentius von Trones nahm Lothar diesen „silbernen Tisch von wunderbarer Größe und Schönheit, auf dem der ganze Himmelskreis und die Sterne und der verschiedene Lauf der Planeten in erhabener Arbeit abgebildet war, im Jahre 842 aus dem Palast zu Aachen fort, ließ ihn in Stücke zerschneiden und unter seine Anhänger verweilen.

106 Von Köln.

107 Von Mainz.

108 Von Salzlburg.

109 Von Rheims.

110 Von Besancon.

111 Von Lyon.

112 Von Arles

113 Von Orlean.

114 Von Amiens.

115 Von Basel.

116 Von Lüttich.

117 Von St. Martin in Tours und von St. Berrin im Artois.

118 Von Lorsch.

119 Von Tentulum, St. Riquier bei Abbeville in der Picardi.

120 Von St. Germain in Paris.

Stephan, Unruoch, Burchard, Megin- hard, Hatto, Rihwin, Edo, Ercangar, Gerold, Bero, Hildigern, Hroccolf." Das alles hat sein Sohn Hludoich, der nach dem Willen Gottes sein Nachfolger war, nach Durchsicht dieser Urkunde, so schnell er konnte nach seinem Tode mit der größten Gewissenhaftigkeit ausführen lassen.

Anhang

1. Einhard und Imma

Das innige Verhältnis, das zwischen Einhard und Kaiser Karl bestand, genügte der Sage nicht: sie schlang noch ein engeres Band um beide. Jedermann kennt die anmutige Geschichte von Einhards Liebe zu Karls Tochter Emma; in Gedichten und Dramen, in gebundener und ungebundener Rede ist sie unzähligemal wiedererzählt worden und hat so den Charakter und die Geltung einer wirklichen Tatsache erlangt. Es mag daher wohl am Platze sein, die ursprüngliche Form dieser Erzählung wiederzugeben und deren geschichtlichen Wert zu prüfen.

Ein Mönch von Lorsch, der ums Jahr 1170 eine Sammlung der auf sein Kloster bezüglichen Urkunden anlegte, nahm bei Erwähnung der von Einhard gemachten Schenkung Gelegenheit, die mündliche Überlieferung aufzuschreiben und berichtet danach folgendes:

Wie aber die Zelle Michlenstat unter diesem allerfrommsten Fürsten durch den ehrwürdigen Einhard an das Kloster Lauresham gekommen sei, wollen wir, wie es von unsern Vorfahren überliefert wurde, erzählen. Einhard also, der Erzkaplan und Geheimschreiber Kaiser Karls, ward am königlichen Hofe ob seiner löblichen Dienste von allen geliebt, noch heißer aber liebte ihn des Kaisers Tochter, die Imma hieß und mit dem König der Griechen verlobt war. Einige Zeit war verflossen: von Tag zu Tag wuchs ihre gegenseitige Liebe. Aber die Furcht vor dem Zorn des Königs hielt sie ab, die Gefahr einer Zusammenkunft zu wagen. Jedoch heftige Liebe siegte über alles. Denn wie der treffliche Mann von unheilbarer Liebe glühte und nicht durch einen Boten dem Ohr der Jungfrau zu nahen wagte, fasste er zuletzt Mut und schlich sich in nächtlicher Weile heimlich zu dem Gemach des Mädchens. Hier klopfte er ganz leise an und wurde eingelassen, da er an die Jungfrau eine Botschaft vom König zu bestellen haben wollte: aber sobald er mit ihr allein war, wechselten sie trauliche Reden und küssten sich und folgten dem Drang ihrer Liebe. Wie er nun vor Anbruch des Tages in nächtlicher Stille auf dem Wege wieder zurückkehren wollte, den er gekommen war, da merkte er, dass inzwischen wider Vermuten ein starker Schnee gefallen war und wagte nun nicht fortzugehen, um nicht durch seine männlichen Fußtapfen verraten zu werden; die Angst, die ihnen das Bewusstsein des geschehenen verursachte, zwang sie alle beide drinnen zu bleiben. Als sie nun in ihrer Not berieten, was zu tun sei, da kam das schöne Fräulein, welches die Liebe kühn machte, auf den Einfall, sie wollte sich bücken und ihn auf ihren Rücken nehmen, ihn so noch vor Tag bis in die Nähe seiner Wohnung tragen, hier ihn niedersetzen und dann ihren Fußtapfen folgend wieder zurückgehen.

Die Nacht hatte der Kaiser, wie man glaubt nach einer besonderen göttlichen Schickung, schlaflos zugebracht; in der ersten Dämmerung stand er auf, und als er aus seinem Palast schaute, so sah er, wie seine Tochter unter der Last daherschwankte und kaum gehen konnte, dann, sobald sie ihre Bürde an dem bestimmten Orte abgesetzt hatte, schnellen Schrittes zurückkehrte. Der Kaiser sah sich, von Staunen wie von Schmerz ergriffen, den ganzen Hergang an, beherrschte sich jedoch, da er glaubte, es geschehe das nicht ohne göttliche Fügung, und beobachtete einstweilen Stillschweigen über das, was er gesehen.

Unterdessen fand Einhard, dem das Gewissen schlug und der wohl wusste, dass die Sache auf keinen Fall seinem Herrn dem Könige lange verborgen bleiben könne, endlich Rat in seiner Not: er trat vor den Kaiser und bat ihn auf den Knien um seine Entlassung, indem er erklärte, seine vielen und großen Dienste würden nicht, wie sie es verdienten, belohnt. Auf diese Worte hin ließ der Kaiser sich nicht das geringste merken und schwieg lange; hierauf versicherte er ihn, er werde seiner Bitte baldmöglichst entsprechen und setzte einen Tag fest, auf den er sogleich seine Räte, die Großen seines Reichs und die übrigen, die ihm selbst nahe standen, zu sich entbot. Als diese glänzende Versammlung seiner verschiedenen Würdenträger sich eingefunden hatte, hub er an, seine kaiserliche Majestät sei schwer beschimpft und missachtet worden durch die unwürdige Verbindung seiner Tochter mit seinem Schreiber und er empfinde darüber keinen geringen Zorn. Als die Versammelten ganz erstaunt darob waren, einige wegen der Größe und Neuheit der Sache noch zweifeln wollten, legte sie ihnen der König deutlicher dar, indem er von Anfang an erzählte, was er mit eigenen Augen gesehen, und forderte sie dann aus, ihm ihren Rat und ihre Meinung darüber kundzugeben. Sie aber waren ganz geteilt in ihren Ansichten und brachten mancherlei harte Strafen gegen den vor, der sich so vergangen; die einen meinten, ihm gebühre eine Strafe ohne Beispiel, andere, er müsse in die Verbannung geschickt werden, noch andere wollten so oder so gegen ihn verfahren wissen, wie einem jeden in dem Augenblick gerade zu Sinne war. Einige indes; von ihnen zeigten sich um so, milder, je verständiger sie waren, und nachdem sie sich untereinander besprochen hatten, baten sie den König inständig, er möge die Sache selbst prüfen und nach der ihm von Gott verliehenen Weisheit eine Entscheidung zu treffen geruhen. Wie nun der König die Gesinnung der einzelnen gegen ihn erwogen und überlegt hatte, welcher von den verschiedenen Meinungen er folgen sollte, sprach er zu ihnen: „Ihr wisst wohl, wie das Menschengeschlecht vielen Zufällen ausgesetzt ist, und wie es sich häufig ereignet, dass Dinge, die einen üblen Anfang genommen haben, doch noch zum Guten ausgeschlagen sind. Darum muss man nicht verzweifeln, sondern auch in dieser Sache, die durch ihre Neuheit und Bedeutsamkeit über unsern Verstand geht, die Gnade der göttlichen Vorsehung erwarten und erbitten, die sich niemals in dem irrt, was sie geschehen lässt, und auch das Übel zum guten zu leiten weiß. Darum will ich denn auch ob dieser betrübenden Tat über meinen Schreiber keine Strafen verhängen, durch welche die Schande meiner Tochter eher vergrößert als verringert werden würde. Vielmehr halten wir es für würdiger und dem Ruhm unseres Reichs angemessener, es ihrer Jugend zu verzeihen, sie durch eine rechtmäßige Ehe zu verbinden und so eine schimpfliche Sache mit dem Schleier der Ehrbarkeit zu bedecken."

Als der König so seinen Spruch verkündet hatte, entstand eine große Freude und die Größe seiner Seele und seine Milde wurden laut gepriesen. Inzwischen wurde Einhard hereingerufen. Als er eintrat, grüßte ihn der König unerwartet freundlich und sprach zu ihm mit heiterem Gesicht: „Schon neulich ist eure Klage uns zu Ohren gekommen, dass wir eure Dienste nicht so, wie es einem Könige geziemte, belohnt hätten. Aber um die Wahrheit zu sagen, fällt die Hauptschuld daran auf eure eigene Nachlässigkeit: denn obwohl ich so viele und schwere Geschäfte allein zu tragen habe, so würde ich doch, hätte ich etwas von eurem Wunsche früher erfahren, für eure Dienste euch gebührend geehrt haben. Indes, um nicht viele Worte zu machen, ich werde euern Beschwerden durch das köstlichste Geschenk abhelfen, und damit ich euch auch ferner wie bisher mir treu und wohlgesinnt erfinden möge, will ich euch meine Tochter in eure Gewalt und zum Weibe geben, eure Trägerin nämlich, die schon neulich hochgeschürzt sich willfährig genug zeigte, euer Joch auf sich zu nehmen."

Sofort ward auf des Königs Befehl seine Tochter, umgeben von zahlreichem Gefolge, hereingeführt und hocherrötend aus der Hand des Vaters in die Hand Einhards gegeben, samt einer reichen Aussteuer, mehreren Landgütern, zahllosen goldenen und silbernen Geschenken und noch vielen anderen kostbaren Gerätschaften. Dem allen fügte noch der allerfrommste Kaiser Ludwig nach dem Tode seines Vaters die Besitzungen Michlenstat und Mulenheim, das jetzt Seligenstat heißt, durch nachfolgende Schenkungsurkunde hinzu.

So der Mönch von Lorsch. Ungewiss in welcher Zeit, aber ohne Zweifel erst nach dem zwölften Jahrhundert setzten die Mönche von Seligenstadt dem berühmten Stifter ihres Klosters eine Grabschrift, in der es heißt:

„Einhard war ich, im Leben berühmt durch der Könige Liebe, Und vom mächtigen Karl hatt' ich die Tochter zum Weib"

Auf einem, wie die Sprache zeigt, noch weit späteren Grabstein, der sich jetzt im Schlosse zu Erbach befindet, stehen die Worte:

EGENHARD DER ERSTE HERR ZU ERBACH IMMA SEIN GEMAHEL DES GROSSEN KAISERS CAROLI EHELICHE DOCHTER DIESE HABEN KLOSTER SELIGENSTAT AM MEYN GEBAUT UND GESTIFT Ao DCCCXXIX.

Auf dieses Zeugnis oder eine damit in Verbindung stehende Überlieferung sich stützend führen die Grafen von Erbach ihren Ursprung auf Einhard und Karl den Großen zurück.

Die ganze Erzählung klingt so schön und romantisch, dass es kein Wunder ist, wenn sie gerne geglaubt und nur mit Widerstreben der kalten und schonungslosen Kritik geopfert wird. Vor dieser aber kann sie in Wahrheit nicht als Geschichte, sondern nur als Sage bestehen.

Durch Briefe und Urkunden ist es festgestellt, dass Einhard eine Imma zum Weibe hatte, falsch aber, dass diese eine Tochter Kaiser Karls gewesen. Zwar hat man auch das beweisen wollen und dafür angeführt, dass sie vom Abt Lupus von Ferrières[121] in einem Brief an Einhard eine „hochedele Frau" (nobilissima femina) genannt wird. Man darf wohl daraus schließen, dass Imma von vornehmer Geburt war, obschon der Ausdruck sich auch auf ihren edlen Charakter beziehen könnte, aber zu dem Schluss, dass sie eine Kaiserstochter war, ist man dadurch keineswegs berechtigt, zumal da Lupus hinreichende Veranlassung gehabt hätte, dieses Umstandes in feinem Trostbriefe Erwähnung

121 Zwischen Orleans und Sens gelegen.

zu tun. Ein zweiter Beweisgrund, der vorgebracht wird, ist nicht besser: wenn nämlich Einhard in einem Brief an Kaiser Lothar diesen seine Neffenheit (denn so wäre der Ausdruck neptitas zu übersetzen) nennt, so ist zu erinnern, dass dieses Wort in der lateinischen Sprache des Altertums sowohl als des Mittelalters sonst nicht ein einziges Mal vorkommt und dass gerade bei Einhard, der sich durch die Reinheit seines Lateins auszeichnet, der Gebrauch und die Erfindung eines so barbarischen Wortes ganz unerklärlich wäre. Aus diesen Gründen hat schon Leibniz pietatem statt neptitatem zu lesen vorgeschlagen und die vielen ähnlichen Schreibfehler, die sich sonst in der einzigen Handschrift von Einhards Briefen finden, rechtfertigen diese Veränderung vollkommen. So entbehrt die Angabe des Lorscher Mönchs jedes beistimmenden Zeugnisses. Aber schlagende Gründe sprechen auch dagegen. Dass Einhard nicht Karls Kaplan war, ist schon bemerkt. Der Irrtum lag nahe, da er nach seinem später erfolgten Eintritt in den geistlichen Stand den Genter Annalen zufolge allerdings Kaiser Ludwigs Kaplan wurde[122]. Mit Einhards eigener Angabe im Widerspruch lässt die Erzählung die Imma mit dem byzantinischen Kaiser verlobt sein, während dies doch Hruotrud war. Überhaupt aber liegt auch nicht das geringste Zeugnis dafür vor, dass Karl eine Tochter Namens Imma hatte.

Den Schlüssel, um die Entstehung der Sage zu erklären, mag uns folgendes geben. Wir wissen, dass Hruotrud, die dem griechischen Kaiser bestimmte älteste Tochter Karls, vom Grafen Rorich einen Sohn Hludwig hatte, der im Jahre 867 als Abt von St. Denis starb. Seine zweite Tochter Bertha gebar dem Angilbert zwei Söhne, den Harnid und den Geschichtschreiber Nithard, wie dieser selbst berichtet. Dieses Verhältniß scheint durch die nachträgliche Einwilligung Karls sich in eine rechtmäßige Ehe verwandelt zu haben[123].

122 Siehe dagegen die Einleitung. Diese Annalen sind eine ganz unzuverlässige Compilation aus später Zeit. W.

123 Das war nicht möglich, da Angilbert Abt war, sie das Verhältnis begann, und dem geistlichen Stande angehörte. Aber Karl duldete das offenkundige Verhältnis. W.

Die Sage, welche in diesen Liebschaften einen willkommenen Stoff vorfand, vermengte die wirklichen Tatsachen und trug sie auf unsern Einhard über. Das lag umso näher, als Angilbert in einem ganz ähnlichen, wenn nicht noch näheren Verhältniß zum Kaiser stand, wie Einhard. Von seiner frühesten Kindheit an lebte er an Karls Hofe, war wie jener sein Umgang im täglichen Leben, sein treuer und brauchbarer Diener in öffentlichen Geschäften, der Genosse seiner wissenschaftlichen Bestrebungen. Wie Ein- hard war er ein Schüler Alkuins, der ihn sehr hoch stellte, und gab jenem, was gelehrte Bildung betrifft, wohl kaum etwas nach. Wie groß sein Wissensdrang war, kann man daraus schließen, dass er sich eine Bibliothek von zweihundert Handschriften angelegt hatte. Auch er benutzte sein schriftstellerisches Talent dazu, seinen Erzieher und Freund zu verherrlichen: in einem epischen Gedicht, von dem jedoch nur Bruchstücke auf uns gekommen sind, besang er das Leben Karls, der ihn darum seinen Homer[124] nannte. Wie Einhard endlich trat auch er später in den geistlichen Stand; im Jahr 794 kennen wir ihn als Abt des mit großem Aufwand von ihm erbauten Klosters von St. Riquier. Er starb am 18. Februar 814, überlebte also seinen Herrn und Freund nur wenige Tage.

Diese kurzen Angaben genügen, um die Verwechselung Einhards und Angilberts in der Sage begreiflich zu finden. Ebenso wenig kann befremden, dass ein Zug aus dem Leben der Hruotrod auf ihre Schwester übertragen wurde. Aber auch die romantische Ausschmückung der Geschichte, die nächtliche Zusammenkunft, der verhängnisvolle Schneefall, das Tragen des Geliebten, die Entdeckung und Verzeihung des Kaisers lässt sich auf die Quelle zurückführen. Schon ein halbes Jahrhundert nämlich, ehe der Lorscher Mönch schrieb, finden wir ganz dieselbe Erzählung, nur in derberer Form, bei dem englischen Geschichtsschreiber Wilhelm von Malmesbury wieder, dessen Chronik mit dem Jahr 1127 schließt. Bei ihm ist es Kaiser Heinrich III, welcher die Liebe seiner Schwester zu einem Geistlichen entdeckt,

124 Es ist mindestens sehr zweifelhaft, ob dieses Gedicht, wie Pertz annahm, von Angilbert ist. W.

ihnen aber verzeiht und sie, die schon vorher den Schleier genommen hatte, zur Äbtissin, ihn zum Bischof macht.

Je sicherer somit die Sage von der Liebe Einhards zu Kaiser Karls Tochter sich auf die einzelnen geschichtlichen Züge, die ihr zu Grunde liegen, zurückführen lässt, umso mehr stellt sie sich in ihrer Gesamtheit als ein Gebilde der Dichtung dar. Den Glauben an Einhard, als Karls des Großen Eidam, muss man aufgeben, sein inniger Freund und treuer Diener bleibt er nur umso gewisser.

2. Kaiser Karls Traum

Die nachstehende merkwürdige Erzählung ist von einem Mainzer Mönche in der zweiten Hälfte des neunten Jahrhunderts abgefasst. Durch die eingestreuten, zum Teil kaum mehr zu erklärenden, althochdeutschen Worte enthält sie noch einen ganz besonderen Wert in sprachlicher Beziehung.

„Karl weiland Kaiser der Franken und verschiedener Völker pflegte nachts immer Licht und Schreibtafel um sich zu haben, mochte er nun im Hause oder auswärts sich befinden; und was er im Traum merkwürdiges sah, das musste sodann gleich aufgeschrieben werden, damit es nicht seinem Gedächtnis entfalle. Als er nun einmal nachts seine Glieder ans dem Lager zur Ruhe ausgestreckt und sich dem Schlummer hingegeben hatte, sah er einen Menschen zu sich kommen, der ein blankes Schwert in der Hand hielt. Wie er diesen furchtsam fragte, wer er sei und von wannen er komme, bekam er von ihm folgendes zur Antwort: „Nimm dieses Schwert, das dir von Gott als Geschenk übersandt wird, lies die darauf verzeichnete Schrift und halte sie fest im Gedächtnis, denn sie wird erfüllet werden zur bestimmten Zeit."

Als er es empfangen hatte und es sich genau ansah, erblickte er darauf vier Stellen beschrieben. Auf der ersten Stelle zunächst dem Griff des Schwerts stand geschrieben Rat, auf der zweiten aber Radoleiba, auf der dritten Nasg, auf der vierten gegen die Spitze des Schwertes Enti.

So wie er nun aufwachte, ließ er sich Licht und Schreibtafel bringen und zeichnete diese Worte in ihrer Reihenfolge auf. Am nächsten Morgen aber, als nach Kirchenbrauch die Horen gesungen waren und er seine Andacht verrichtet hatte, teilte er allen seinen Großen, die zugegen waren, den Traum mit, den er gehabt hatte, und forderte sie auf, ihm denselben zu deuten. Als hierauf alle stumm blieben, gab ihm einer, der für weiser als die übrigen galt, mit Namen Einhard, zur Antwort und sprach: „Herr Kaiser, der welcher Euch jenes Schwert geschickt hat, wird Euch auch, während wir verstummen, den Sinn der darauf verzeichneten Schrift offenbaren." Da sprach der Kaiser: „Wenn ihr hören wollt, so wollen wir euch die Bedeutung jener Worte erklären, wie sie uns nach der Fähigkeit unseres geringen Talents richtig erscheint. Unter dem uns von Gott geschickten Schwert wird wohl nicht unpassend die uns von ihm übertragene Gewalt verstanden, denn im Vertrauen auf seine Hülfe haben wir gar viele Feinde mit den Waffen unter unsere Herrschaft gebracht. Und weil nun jetzt nach Unterwerfung unserer Feinde mehr als zu den Zeiten unserer Väter große Fruchtbarkeit herrscht, so wird das durch das erste Wort auf dem Schwert angedeutet, Rat, das will sagen Überfluss an allen Dingen[125]. Was aber an der zweiten Stelle geschrieben war, Radoleiba[126], das glauben wir wird sich nach unserem Hintritt von dieser Welt zu den Zeiten unserer Söhne erfüllen, dass nämlich nicht mehr so großer Überfluss an Früchten stattfindet und einige jetzt unterworfene Völkerschaften abfallen, das bedeutet Radoleiba in allem, was schnell abnehmen wird. Wann aber auch sie gestorben sein werden und ihre Söhne nach ihnen zu regieren angefangen haben, dann wird sein, was an der dritten Stelle geschrieben war, Nasg[127], denn sie werden

125 Wir sagen jetzt Vorrat.

126 In der niederdeutschen Form Radeleve bedeutet dieses Wort die Hinterlassenschaft an Gerade, d. h. der dem Weibe zufallenden fahrenden Habe. J. Grimm Rechtsaltert. S. 567. Jn unserm Fall muß aber offenbar eine allgemeinere, noch ältere Bedeutung angenommen werden.

127 Dieses sonst unbekannte Wart scheint einen durch Raub (Raschen?) zusammengebrachten Schatz zu bedeuten.

schmählichen Gewinns halber die Steuern erhöhen, die Fremden und Ausländer gewaltig drücken und sich nicht darum kümmern, mit wie viel Verwirrung und Schande sie sich Reichtümer sammeln. Auch das Kirchengut, das von uns oder unseren Vorfahren den Geistlichen und Mönchen zum Dienste Gottes gegeben wurde, werden sie mit List oder Gewalt an sich reißen und es ihren Leuten zu Lehen geben, das bedeutet Nasg. Aber auch das, was an der Spitze des Schwertes geschrieben stand, Enti, kann auf zweierlei Art verstanden werden. Denn entweder wird dann das Ende der Welt sein oder das unseres Stammes, dass nämlich hinfort von unserem Geschlechte keiner mehr im Volke der Franken herrschen wird."

So wie dies der den Traum hatte, selbst auslegte, und der Abt Einhard es dem Mönch Rabanus, und dieser Rabanus als nachmaliger Erzbischof (von Mainz) es vielen zu erzählen pflegte, unter denen ich einer bin, so habe ich es aufgezeichnet.

Davon ist etliches in früheren Zeiten, anderes neuerdings in Erfüllung gegangen. Denn als der Kaiser Ludwig nach Karls Tode regierte, fielen die Brittonen und viele slavische Völkerschaften ab und Mangel suchte sein Reich in verschiedenen Gegenden heim. Nach seinem Tode fingen seine Söhne Lothar, Pippin und Ludwig an, in dem ihnen hinterlassenen Reich den Nasg zu vergrößern. Denn wie viele Klöster Pippin in Aquitanien ausplünderte und das Kirchengut und die Habe der Geistlichen und Mönche an sich riss und es an sein Gefolge gab, davon ließe sich nur zu viel erzählen. Auf ähnliche Weise verfuhr Lothar in Italien. Darüber liegt ein Brief vor, der zu den Zeiten seines Sohnes von allen Bischöfen der römischen Kirche an Ludwig, den König der Deutschen gerichtet war, der sich durch den Bischof Witgar[128] erkundigt hatte, wie es mit dem Frieden der heil. römischen Kirche stehe. Dieses Schreiben befindet sich noch im Archive von St. Martin (in Mainz) und es heißt darin unter anderem: „Die heil. römische Kirche und ihr Schutzherr und das gesamte Volk wird verletzt, ausgeplündert, zerrissen, erniedrigt, zu nichts herabgebracht."

128 Von Augsburg.